KB113518

기적의
21일 공부법

이 책을 소중한

_____님에게 선물합니다.

_____ 드림

단박에 성적을 올리는 실전 공부 습관

기적의 21일^일 공부법

그래 지음 · 김도사 기획

위닝북스

아이를 믿고 기다려 주는
부모가 현명하다

나는 27년 전 딸을 낳으며 엄마가 되었다. 딸은 나처럼 아프지 않게 살게 하고 싶었다. 내가 여자라서 억울했던 그 어떤 것도 딸에게는 느끼게 하고 싶지 않았다. 그래서 더욱 잘 키워 보리라 이를 악물었다. 많은 형제 사이에서 자존감 없이 살아온 나였다. 그런 나에게 딸은 나의 분신이나 마찬가지였다. 나는 사랑과 정성으로 딸을 키웠다.

반면, 2년 터울로 낳은 아들은 엄하게 키웠다. 남자가 바로 서야 가정과 국가가 바로 선다며 엄한 잣대를 들이댔다. 엄마의 사랑이 필요했던 아들은 상처를 받았다. 동시에 내게 인정받기 위해 노력했다. 어느 날 아들이 나와 같은 삶을 살고 있다는 것을 깨달았다. 인정받기 위해 살아가는 삶은 힘이 들고 아프다. 나는 아들과 화해하기 위해 큰 용기를 냈다. 부모가 자식에게 용서를 구하는 일, 솔직히 인정하고 받아들이는 일은 부모자식 관계를 더욱 단단하게 만들어 준다.

나는 아이들이 어렸을 때 "너희 하고 싶은 거 다 해. 학교 다니기 싫음 안 다녀도 돼. 정말 하고 싶은 거 있음 다 하고 살아."라며 쿨한 척했다. 그러나 그 말의 진정한 의미는 "나는 하고 싶은 거 못 하고 살았으니 너네라도 다 해 봐."라는 나 스스로에 대한 동정심 같은 것이었다. 아이가 하고 싶은 것을 하든 안 하든 그것을 결정하는 것조차 아이들의 몫이다. 부모는 아이가 스스로를 책임지고 주도적으로 살아갈 수 있도록 지켜보기만 하면 된다. 아이는 혼자의 힘으로 바로 설 수 있어야 한다. 부모는 자신의 인생을 잘 살아가면 그만이다. 아이는 부모가 자신의 인생을 대신 살아 주기를 전혀 원하지 않는다.

부모가 행복해야 아이가 행복하다. 자신의 인생을 주도적으로 살아가는 부모의 모습을 보며 자란 아이들은 굳이 말하지 않아도 스스로 꿈을 찾고 그것을 이루기 위해 노력한다. 아이는 부모의 말은 절대 듣지 않지만 부모의 행동은 그대로 따라 한다는 것을 반드시 기억해야 한다.

하지만 요즘 부모들은 자신의 생각을 아이에게 강요하는 경우가 많다. 자신이 가지지 못했던 것, 하지 못했던 것을 아이가 대신 하길 바란다. 아이는 절대로 부모의 대리 인생을 사는 사람이 아니다. 아이를 그 자체로 받아들여야 한다. 엄마 배 속에서 나온 그 순간부터 혼자 힘으로 기고 서고 걸을 수 있도록 해야 한다. 스스로 넘어지고 깨지면서 알아낼 수 있도록 조금 여유를 가지고 지켜보자.

좋은 습관은 제2의 천성이 된다. 그러나 그 습관은 절대로 하루아침에 만들어지지 않는다. 부모를 보고 배우며 많은 시간이 흘러야 한다. 그래야 습관이 되고 천성이 된다. 혼자 일어서는 법을 배운 아이는 어떤 인생의 시련 앞에서도 무너지지 않고 우뚝 설 수 있다.

이미 아이들을 잘 키워낸 내게 아이 키우는 것이 너무 어렵다며 하소연하는 후배들이 많다. 도무지 어떻게 해야 할지 모르겠다며 애걸복걸하는 후배들을 보며 꼭 한번 자녀교육에 대한 책을 쓰고 싶다는 생각을 했다. 책을 쓰며 내가 해온 육아와 교육을 더듬어 보았다. 나 역시 후배들처럼 정신없이 앞만 보고 달렸을 것이라 생각하니 아찔하다. 왜 조금 더 멀리 보지 못하고, 왜 조금 더 그 순간을 즐기지 못했을까? 번갯불에 콩 볶아 먹듯 보낸 시절이 안타깝기만 하다. 다시 돌아오지 않을 소중한 시간이었다. 그것을 미련하게 이제야 깨달았다. 무조건 빨리 아이가 자라주기만 바랐다. 아이가 빨리 커서 독립하기만 바랐다. 아이의 독립이란 더 이상 부모가 필요하지 않음을 의미한다는 것을 알아야 한다. 아이는 언젠가 부모의 그늘에서 벗어나 자신만의 세상을 찾아 나가길 원할 것이다. 아이가 부모의 그늘을 원할 때 마음껏 그늘을 드리워 주자. 안타까운 시간이 더 흐르기 전에 넉넉하고 푸근한 부모 품을 더 느끼게 해 주자. 그 시간들을 후회 없이 즐겨 보자. 미래가 아닌 현재의 시간을 즐기자.

아이에게 많이 배우고 느낀 시간들이었다. 소중한 그 시간들이 있었기에 오늘 꿈을 이룬 내 자식들이 있다는 것을 깨닫게 되었다. 작은 꿈이라도 집념을 가지고 이루게 하려면 그 옆에는 반드시 부모라는 큰 그늘이 있어야 한다. 바람도 막아 주고 벌레도 잡아 주며 지켜 주어야 한다. 아이가 무럭무럭 자라 열매를 맺을 수 있도록 참된 부모가 반드시 지켜 주어야 한다. 팔불출 소리를 들을 수도 있겠지만 참 괜찮게 자란 우리 아이들에게 고맙다. 좌충우돌 삐걱거리는 엄마를 잘 지켜 줘서 고맙다. 암만 생각해도 세상에 태어나 가장 잘한 일은 자식을 낳아 기른 일이다. 그거 하나는 아무리 생각해도 장하고 칭찬할 만한 일이다. 세상에 이보다 귀한 일이 또 있을까?

2019년 5월
그래

차 례

1장 혼자 하는 공부가 기적을 만든다

혼자 하는 공부가 기적을 만든다

스스로 행동하는
아이가 공신이 된다

아이마다 자신만의 성장속도가 있다

나는 첫아이를 임신했을 때 전업주부로 지냈다. 출산 후 돌이 지날 때까지 24시간을 아이와 함께 있었다. 나는 아이와 텔레파시가 통하는 느낌으로 모든 감정을 주고받았다. 그러나 하루 종일 엄마하고만 붙어 있다 보니 아이는 낯을 심하게 가렸다. 특히 길에서 노인들을 보게 되면 겁에 질려 울었다. 또한 잠시라도 엄마가 보이지 않으면 불안해했다. 화장실에서 볼일을 볼 때도 문을 열어놔야 했다. 나 역시 아이에 대한 집착이 컸다. 우리는 일거수일투족을 함께하며 서로를 동일시했다.

이웃에 우리 아이보다 보름 늦게 태어난 아기가 있었다. 갓난 아기일 때는 보름 차이가 엄청나다. 아이 엄마들끼리는 은근히 경쟁 아닌 경쟁이 생긴다. 옹알이부터 머리숱까지 모든 것을 다 비교한다. 초보 엄마에게는 은근히 스트레스가 되기도 했다. 우리 딸은 나를 닮아 머리숱이 많지 않았다. 생후 3개월가량 지나자 배냇머리까지 모두 빠져 아예 민머리가 되었다. 예쁜 치마도 입히고 싶고 리본 핀도 꽂아 주고 싶은 초보 엄마는 애가 탔다. 사람들이 아들이냐고 물으면 더 속이 상했다. 보름이나 빠른 우리 아이가 그 집 아이보다 뒤집기도 늦었다. 우리 딸에 비해 그 아이는 빠른 편이었다. 지켜보는 엄마의 마음은 타들어갔다. 그러나 아이의 발달과정에서 엄마가 할 수 있는 일은 사실상 지켜보고 응원하는 것뿐이었다. 아이는 엄마의 마음을 아는지 모르는지 자신의 속도에 맞추어 자랐다.

아이를 믿고 기다려라

그 집 아이는 10개월이 되자 조금씩 걸음을 떼기 시작했다. 동네 아주머니들도 "너는 애보다 먼저 태어났는데 왜 못 걸어? 어서 잡고 일어나 봐."라며 나의 염장을 질렀다. 친하게 지내고 좋은 이웃들이었지만 은근 신경이 쓰였다. 괜히 신경전이 되는 게 마음이 편하지 않았다. 그 아이는 남달리 발달이 빠르고 동작도 빨랐다. 반면 우리 아이는 아주 천천히 기고 앉고 잡고 일어섰다. 빨리 자라길 바라는 내 마음과는 달리 아이는 철저히 자신의 속도에 맞추어 성장했다.

그런데 이는 우리 아이가 먼저 나왔다. 뽀얀 아랫니가 솟아나왔을 때의 기쁨은 아직도 잊을 수가 없다. 잇몸이 가려운지 뭐든지 물고 비비더니 어느 날 작은 이가 분홍색 잇몸을 뚫고 나왔다. 흡사 씨앗이 땅속에서 새싹을 피우듯 뽀얗게 솟아올랐다. 너무 예뻐서 일부러 손가락을 넣어서 깨물어 보게도 하면서 신기해했다.

그러나 단점도 있었다. 아이들은 잘 때도 우유병을 물고 있기 때문에 유치가 썩지 않도록 철저한 관리가 필요했다. 더구나 잇몸이 가려우니 아무거나 물어뜯었다. 그리고 침을 하도 흘려 턱받이가 흥건히 젖었다. 턱이 침에 젖어 벌겋게 헐 정도였다. 이렇게 이가 빨리 나와서 기쁜 점도 있었지만 관리가 이만저만 신경 쓰이는 게 아니었다.

이웃 아이도 일찍 서고 걸으면서 넘어져서 얼굴에 멍이 자주 들었다. 손에 잡히는 물건은 아무거나 잡아당기고 던져서 위험한 물건은 다 치워야 했다. 아이한테서 잠시도 눈을 뗄 수 없었다. 반면 우리 아이는 말귀를 좀 알아들으면서 천천히 성장했다. 말을 하면 알아듣고 겁을 냈다. 조심성이 많아 다치거나 깨거나 하는 일이 없었다.

이렇게 아이의 성장을 통해 자연스럽게 깨닫게 된 것이 있다. 아이는 엄마가 원하는 대로 자라지 않는다는 것이다. 그리고 빠르게 앞서가는 것이 결코 좋은 것만은 아니라는 것도 말이다. 아이가 태어나면 엄마는 모든 신경을 아이에게만 쏟는다. 아이는 자신의 속도에 맞추어 자라고 있는데도 불구하고 엄마의 조바심은 통제가 안 된다. 그러나 지나친 관심은 엄마를 피곤하게 한다. 아이는 엄마의 욕심대로 되지 않기 때문이다. 잘 자라고 있는 아이를 두고 엄마는 기분이 오르내린다. 아이들은 선천적으로 가진 특성이 다르다. 배고파도 잘 참는 아이, 배가 고프면 자지러지게 우는 아이, 더운 것을 싫어하고 양말을 못 신는 아이, 유독 집중력이 떨어지고 산만한 아이 등등…. 좋아하는 것들도 천차만별이다. 나중에 어떤 열매가 맺힐지 엄마는 알지 못한다. 어떤 씨앗을 심었는지는 중요하지 않다. 엄마가 할 일은 그저 잘 맞춰 주고 돌봐 주는 것이다. 그러면서 믿고 기다리면 된다.

공신에게는 특별함이 있다

내가 아는 공신(공부의 신)들에게는 특별함이 있다. 어떻게 생각하면 단점이라고 할 수도 있다. 초등학교 입학 때까지도 말을 못할 정도로 발달이 늦은 아이들이 많다. 어느 하나에 꽂히면 시간 가는지도 모르는 아이들도 많다. 이렇듯 천재나 특별한 아이들은 개성이 강하다. 그런데 우리나라는 평범하기를 원한다. 자신만의 특별함을 평범함 속에 묻어야 편하게 산다고 한다. 정해진 틀에서 남들과 다름없이 살아야 한다고 가르친다.

한 여성 강연가의 아이가 고등학교에 적응하지 못하고 자퇴를 했다고 한다. 엄마는 너무 불안하고 걱정이 되었지만 아이를 믿기로 마음을 먹었다. 자퇴한 날 집 거실에 "축! 자퇴"라는 플래카드를 걸었다. 친척들에게도 아이에 대해 충고할 거면 집에 오지 말라며 입단속을 시켰다. 자퇴를 한 아들이 새벽까지 게임을 하다 라면을 끓여 먹는 모습을 보고 참다못해 잔소리를 하는 남편에게는 더 불호령을 내렸단다.

엄마는 온몸과 마음으로 아이를 지켰다. 지하 밑바닥에 추락한 아이를 지키기 위해 아이보다 더 지하로 내려갔다. 엄마를 딛고 일어날 수 있도록 바닥이 되어 주었다. 3개월, 6개월, 1년이라는 시간이 흐르자 아이가 변하기 시작했다. 엄마가 언제나 자신을 믿어 준다는 것을 알게 되었다. 지하 깊은 곳에 숨어 있던 아이는 서서히 기지개를 켜고 일어나 스스로 할 일을 찾기 시작했다. 좋아하는 일과 하고 싶은 일을 용기내서 이야기하기 시작했다. 5년이 지난 지금은 멋진 피아니스트로 자리 잡아 가고 있다는 감동적인 이야기였다.

엄마는 아이의 버팀목이다

우리는 대부분 나의 못난 점을 자식에게서 보면 화를 낸다. 내가 가진 못난 점이나 단점을 마주할 자신이 없기 때문이다. 감추고 싶고 부인하고 싶어 한다. 그래서 나도 모르게 자식에게 화를 낸다. 결국은 자신을 사랑하지 못한 탓이다. 아이의 모든 것을 인정하고 받아들이려면 우선 나를 믿어야 한다. 아이가 어떤 공부든 재미를 가지게 하려면 스스로 찾아내도록 엄마가 지켜 주어야 한다. 어떤 공부든지 지루하고 어렵고 힘들다. 때로는 실망하고 좌절한다. 실패하고 고통스럽더라도 엄마는 언제든지 아이의 바닥이 되어 주어야 한다. 그래야 엄마를 밟고 올라갈 수 있다. 온몸과 마음을 다해 아이의 버팀목이 되어 주어야 아이가 진짜로 성장한다.

아이가 공신이 되기를 바라는가? 엄마가 아이를 믿지 못하거나 바람막이가 되어 주지 못한다면, 아이는 스스로 서지 못한다. 스스로 알아내고 스스로 바로 선 아이가 진정한 공신이 된다. 아이가 비바람에도 끄떡없는 단단한 거목이 되기를 원한다면 엄마의 마음부터 바위처럼 굳건해야 한다. 그래야 아이가 엄마를 딛고 혼자 스스로 우뚝 솟아오를 수 있다는 것을 명심하자.

아이의 가장 좋은 멘토는
엄마다

행복은 어쩌다 한 번 있는 커다란 행운이 아니라
매일 발생하는 작은 친절이나 기쁨 속에 있다.

- 벤저민 프랭클린 -

한계는 자신이 만드는 것이다

우리나라만큼 성적만으로 사람을 평가하는 나라도 드물 것이다. 물론 높은 교육열이 좋은 점도 있다. 전 세계에서 유일하게 문맹률이 1%도 되지 않으니 말이다. 오바마 전(前) 미국 대통령이 "한국의 교육을 배워라."라는 예찬을 한 적도 있을 정도로 우리나라의 교육은 높은 수준이다. 초·중학교는 무상교육이고 고등학교 수업료도 거의 안 든다. 대학 이상의 고등교육은 본인의 선택인 데다가 학자금 대출도 가능하다. 장학금 제도도 다양하다. 본인이 열심히 하고자 한다면 얼마든지 혜택을 받을 수 있다. 우리나라에서는 공부하기 싫어서 못하는 것이지, 방법이 없어서 못한다는 말은 핑계 같다는 생각이 든다.

35년 전 나는 대학에 갈 형편이 못되었다. 엄마는 언감생심 무슨 대학교냐고 불호령을 내리셨다. "대학 같은 소리하네. 뱁새가 황새 따라가려면 가랑이가 찢어진다. 위를 보지 말고 아래를 보고 살아!"라고 했다. 어려운 가정형편에 나는 꿈을 이룰 생각을 하지도 못했다. 나는 교사가 되고 싶었다. 그러나 당장 먹고 사는 것이 급했다. 부모님은 이미 나이도 많으셔 농사일을 힘겨워하셨으며, 내 밑으로 동생이 둘이나 있었다. 현실이 고달프니 자식의 꿈을 지지해 주는 데는 아무리 부모라고 해도 한계가 있었다.

과거 우리 부모세대들은 살림이 쪼들릴 경우 큰딸은 살림 밑천이라며 어린 나이부터 공장 등으로 취업을 시켰다. 딸들이 번 돈은 생활비와 아들의 교육비로 쓰였다. 만약 일을 하지 않을 경우에는 집안일을 하거나 동생을 돌보게 하면서 학교에 보내지 않았다. 그때는 다 그랬다.

방법을 찾는 사람에게 길이 열린다

나는 대학이라는 꿈을 접고 취업을 했다. 공부를 잘하는 편이었기에 더욱 포기가 어려웠다. 결정을 내리기 전에 선생님께 솔직하게 형편을 말씀드리고 도움을 구했으면 좋았을 테지만 용기가 나지 않았다. 당시 우리 반은 학생이 75명 이상이었다. 선생님 한 분이 그 많은 학생을 관리한 것이다. 때문에 개인적으로 신경을 쓴다거나 일일이 면담을 하기는 불가능했다. 더구나 우리 담임 선생님은 이제 막 부임하신 초보 선생님이었다. 우리와 겨우 네 살 차이였다. 그러다 보니 도움을 요청해도 선생님께서도 딱히 수가 없으셨을 것이다.

그렇게 대학이라는 목표가 사라지자 공부가 재미없었다. 공부를 해야 할 의미를 찾지 못했기 때문이다. '시험을 잘 보면 뭐해?'라는 생각이 들었다. 나는 미리 스스로 한계를 그었다. 엄마의 말을 있는 그대로 받아들이고 포기했다. 나에게 대학은 '못 가는 곳'이었다. 내가 정말 대학을 가고 싶었다면 어떻게 해서든 방법을 찾아냈을 것이다. 하지만 나는 지레 겁먹고 포기했다. 그래서 악착같이 공부하지 않았다. 지금 생각하면 참 바보 같은 결정이었다.

그러다 고등학교 3학년 2학기에 우연히 학비와 생활비가 무료인 국군간호사관학교를 알게 되었다. 나는 100% 국비 지원이라는 것에 이끌려 무작정 원서를 쓰고 시험을 보았다. 그 전까지는 간호사나 군인에 대해 생각해 본 적도 없었다. 생각지도 않은 시험이라 공부도 제대로 하지 못했다. 예상대로 떨어졌다. 그 시절 국군간호사관학교는 집안 형편이 어려운 여고생들이 무상이라는 이유로 지원을 많이 해 경쟁이 치열했다.

내가 미리 포기하지 않고 방법을 찾았다면 간호사관학교의 존재를 더 빨리 알고 준비할 수 있었을 것이다. 누군가 "방법이 있을 거야. 절대 포기하지 마."라고 희망적인 이야기로 나를 이끌어 주었더라면 하는 아쉬움이 컸다. 그랬다면 열여덟 살의 푸르른 날을 그렇게 절망으로 채우지 않아도 됐을 것이다.

멘토가 꼭 필요한 이유

그런 여고시절을 보낸 후 나는 멘토의 중요성을 실감했다. 아이들은 자신이 보고 들은 대로 자라날 확률이 크다. 그때 내 주위에는 멘토가 될 만한 사람이 없었다. 형제나 가까운 지인이 대학에 다니면서 "너도 할 수 있어. 꿈을 가져 봐."라고 용기를 주었다면 절대 꿈을 포기하지 않았을 것이다. 하지만 가장 용기를 줘야 할 엄마마저도 허황된 꿈은 꾸지 말라고 했다. 나에게는 본받을 누군가가 없었다.

이순신 장군이나 유관순 열사 등 존경하는 위인들은 있다. 하지만 시대적 배경도 다르고 현실적 인물이 아니다 보니 실제적인 멘토로 삼을 수 없다. 그분들로 하여금 큰 꿈을 꾸고 나라를 사랑해야 한다는 생각을 가지게는 되었지만 나의 진로 고민을 털어놓을 수는 없지 않은가.

누구든 좋은 멘토가 절대적으로 필요하다. 엄마라면 금상첨화다. 엄마는 아이를 가장 잘 알고 오랜 기간 곁에서 이끌어 줄 수 있다. 아이를 믿고 꿈을 지지하고 응원해 주는 멘토로 엄마만 한 사람이 없다. 그런데 우리 부모님들은 멘토 역할을 하기에는 너무 바쁘셨다. 교육을 어떻게 시켜야 하는지, 어떤 조언을 해 줘야 하는지도 모르셨다. 그저 매일 고단하게 일하고 잠들었다 다시 일어나 또 일하는 삶을 살고 계실 뿐이었다.

현실이 힘들수록 미래를 준비해야 한다. 하지만 현실이 힘든 사람일수록 미래를 위한 준비를 하지 못한다. 꿈을 생각할 여유조차 없기 때문이다. 당장 먹고사는 것이 바쁘다. 그래도 막연하게 내일은 오늘보다 나으리라고 기대한다.

부모가 먼저 달라져야 한다

대부분 초등학교 때 성적은 엄마 성적이라고까지 한다. 그때까지는 엄마가 직접 아이를 가르치거나 공부하도록 이끌어 줄 수 있기 때문이다. 그러나 거기까지다. 중학교에 들어가면서 급격하게 자아가 생긴다. 더 이상 엄마가 하라는 대로 하지 않는다. 순종하던 아이도 언젠가는 생각지 못한 모습으로 반항한다. 엄마들은 자녀 교육에 모든 것을 건다. 아이의 선생님과 친구들까지 가려서 만나게 한다. 친구 부모님의 직업이나 경제력까지 알아내 도움 되는 친구를 만들어 주려고 한다. 혹시나 정보에 뒤처질까 봐 방과 후 청소 봉사부터 등굣길 녹색어머니회 봉사까지 오롯이 아이를 위한 시간을 보낸다.

아이가 학교에 다녀오면 학원 시간에 맞춰 간식을 먹이며 숙제를 점검한다. 아이가 학원에서 공부하고 있는 시간에도 더 좋은 학원이 없나 물색하고 다른 엄마들과 정보를 나눈다. 엄마들의 채팅

방은 온통 아이들 교육에 대한 이야기뿐이다. 하지만 교육보다 중요한 것은 아이의 요청을 외면하지 않는 것이다. 아낌없는 지원도 좋지만 아이에게 언제나 든든하게 지켜봐 주고 믿어 주는 부모라는 존재가 있다는 것을 확실히 해 주는 것이 가장 중요하다.

예전부터 사람의 됨됨이를 보려면 그 부모를 보라고 했다. "콩 심은 데 콩 나고 팥 심은 데 팥 난다."는 말을 생각하면 된다. 엄마가 아이를 놓지 못하면 아이도 엄마를 놓지 못한다. 그런 상황에서는 아이가 거목으로 자라지 못한다. 너무 큰 나무 아래에서는 다른 나무가 자랄 수 없다. 그늘을 벗어나야 비로소 햇볕도 바람도 쐬며 성장할 수 있다. 부모가 바르고 강하다면 아이가 잘못될 리 없다. 설령 헤매게 되더라도 금방 돌아온다. 그러니 내 아이가 성공하기를 원한다면 부모가 먼저 그만한 재목이 되어야 한다는 것을 명심하자.

공부에는
지름길이 없다

과정의 끝은 목표 지점이 아니다. 목표 너머에 있다.
- 신영준&고영성, 《폴라리스》 중에서 -

심신을 먼저 단련해야 한다

우리 아들이 중학교에 들어갔을 때의 일이다. 어느 날 저녁 식사 시간에 보니 아이의 콧잔등에 벌겋게 상처가 나 있었다.

"얼굴이 왜 그러니? 어쩌다 그런 거야?"

"아니에요. 장난치다가 그랬어요."

"그래? 많이 다친 건 아니지? 안경을 썼으니 조심해. 잘못하면 눈 다쳐."

"제가 알아서 해요."

말은 그렇게 했지만 아들은 내 눈을 똑바로 바라보지 않았다. 나는 직감적으로 '친구들과 몸싸움을 했구나' 하고 알아챘다. 그러나 크게 걱정하지 않았다. 아들이 초등학교 입학 전에 낯선 남자애들과 처음 대면하는 광경을 본 적이 있다. 아이들은 보자마자 태권도를 하는 것처럼 주먹을 쥐고는 서로를 노려보며 탐색전을 했다. 그러고는 몇 번 툭툭 잽을 날리더니 이내 같이 놀기 시작했다. 그 광경을 보고 여자아이들과는 다르다고 생각했다.

이제 막 중학교에 들어가 낯선 환경에서 서로를 알아가기 시작했으니 친구들끼리의 몸싸움은 필수라는 생각이 들었다. 그래서 꼬치꼬치 묻지 않았다. 어려서부터 태권도의 기본기를 착실히 배웠고 검도도 하고 있었기 때문에 걱정은 되지 않았다. 또한 이유 없이 싸우지 않을 거라는 믿음도 있었다.

나는 태권도를 참 좋아한다. 태권도에서 가르치는 정신과 기본 소양이 좋다. 스승을 보면 깍듯이 큰 소리로 인사하는 것도 좋다. 기본 동작과 기합 소리도 좋다. 바른 자세와 건강한 마음가짐이 태권도가 주는 매력인 듯하다. 그래서 아들이 초등학교에 다니는 내내 태권도장에 보냈다. 그리고 지금도 자녀가 있는 엄마들에게 적극적으로 태권도를 추천한다.

사범님들은 주말에도 아이들과 등산을 하며 정신수양이나 체력단련을 위해 노력해 주셨다. 아들은 언제나 "우리 사범님"을 입에 달고 살았다. 사범님을 만나면 언제 어디서나 "태권!" 하고 크게 인사했다. 태권도장이 아파트 정문 앞에 있어서 지날 때마다 창문 너머로 들리는 아이들의 힘찬 기합 소리에 기분이 좋았다.

그렇게 태권도의 기본 동작과 정신을 배웠으니 아들에 대한 믿음이 있었다. 거기다가 나쁜 아이들이 싸움을 걸어와도 기본적인 자기방어를 할 수 있다는 믿음이 있었다. 알아서 헤쳐 나갈 것이고 알아서 처리할 것으로 믿었다. 나중에 아이의 담임 선생님과 상담이 있어 학교에 방문했다가 자초지종을 듣게 되었다.

"어머님, ○○이가 친구랑 싸운 이야기 안 하던가요?"

"아뇨. 장난치다가 그랬다던데요?"

"새로운 친구들과 다툼이 있었나 봐요. 둘이 치고받고 싸우다가 엎치락뒤치락 싸움이 커졌어요. 제가 갔을 때는 한 놈이 올라타서 목을 조르며 싸우고 있더라고요. 그래서 두 놈을 다 불러 야단을 쳤어요. 어머니께 전화가 올 줄 알았는데 안 오더라고요."

"어휴, 그랬군요. 그런데 남자애들은 좀 싸우면서 자라는 거죠, 뭐. 그렇게 육탄전도 해 보긴 해야 해요."

"감사해요, 어머님. 다른 어머님들도 ○○이 어머님처럼만 믿고 맡겨 주시면 좋을 텐데요. 그리고 아이들은 싸우면서 크는 거라고 생각해 주시면 좋을 텐데 그러질 못해요."

다른 엄마들은 아이가 작은 일만 생겨도 학교로 전화를 하고 교장 선생님을 찾는다고 한다. 자기 아이의 잘못은 생각해 보지도 않고 무조건 다른 친구나 학교 탓을 하며 학교에 찾아와 소리를 지르는 부모들이 많다며, 선생님은 하소연을 하셨다.

얼마 후 아들이 먼저 이야기를 꺼냈다. 다른 초등학교를 졸업한 모르는 아이가 시비를 걸기에 한바탕 붙었다는 것이다. 참으면 깔보고 괴롭히기 때문에 한번 덤벼야 조용해진다고 했다. 그 일이 있고 나서는 절대로 자기를 안 건드린다고 했다. 나는 "아이고, 우리 아들 남자네! 맞아! 할 말할 땐 하고 아닐 때는 아닌 거지. 잘했어!"라며 아이의 편을 들어 주었다. 그리고 운동을 시키길 참 잘했다는 생각을 했다.

학교에서의 왕따 이야기를 자주 접한다. 누군가 시비를 걸 때 정당한 주장을 할 줄 알아야 한다. 아무나 와서 건드리는데도 정당한 방어를 할 줄 모르면 약하다고 생각해 집중 공격한다. 최소한의 자기방어 정도는 하며 살아갈 수 있도록 아이의 심신을 단련해 주는 것도 중요하다는 경험을 했다. 그냥 앉아서 공부만 하게 키우는 것이 최고라 생각하지 않았으면 한다. 육체와 정신은 함께한다. 육체가 건강해야 건강한 정신이 따라온다.

경쟁사회에서 적당한 승부욕은 필요하다

공부의 기본은 정신력과 체력이다. 자기와의 싸움과 이루고자 하는 승부욕, 목표를 이루기 위한 인내심이 없으면 성공할 수 없다. 억지로 시키는 공부는 한계가 있다. 요즘 아이들은 심한 무력감에 빠지는 경우가 많다고 한다. 공부는 곰 같은 사람이 이긴다. 짧은 기간에 이루어 낼 수 있는 단거리 경주가 아니다. 20~30년 이상을 하고도 평생을 해야 하는 것이 공부다. 결코 단 몇 년의 승부로 인생이 결정되지는 않는다. 초등학교 때 반짝 잘했다가도 체력이나 의지가 약해서 결국 중도 탈락하는 경우를 많이 보았다. 그래서 아들이든 딸이든 어린 시절에는 맞는 운동을 시키는 것이 좋다.

운동은 체력을 길러 주기도 하지만 정신적인 면에서도 상당한 지구력을 요구한다. 치열한 경쟁사회에서 승부욕을 적당히 자극하면 동기유발이 된다. 지켜야 할 규칙이 있다는 것도 알게 된다. 인생과 운동은 상당히 비슷하다. 인생도 주어진 시간이 한정되어 있다. 운동도 정해진 규칙이나 시간이 존재한다. 무리하면 탈이 난다. 자신에게 잘 맞고 잘하는 것이 따로 있다. 좋아하는 것만 해서도 안 된다. 좋아한다고 해서 꼭 그것으로 성공하지는 않는다. 운동과 공부 모두 기본적인 체력이 있어야 해낼 수 있다는 것도 비슷하다.

기초부터 닦아야 한다

요즘 다이어트 열풍이 거세다. 몸매 관리 후에 보디프로필을 찍어 SNS에 올리기도 한다. 남자들도 적극적이다. 단백질에 약물까지 복용하며 근육 만들기에 열을 올린다. 그런데 이것은 단기간에 몸을 만들기 위한 목적이다. 평생 음식을 편식하고 특정한 영양분만을 섭취한다면 분명 탈이 난다. 그리고 몸에만 신경을 쓰고 살면 다른 즐거움을 잃어버린다. 즐겁거나 보람 있기보다는 오히려 스트레스가 된다. 때에 따라서는 심각한 영향 불균형으로 건강까지 해치게 된다. 병원에서 일하고 있는 나는 그런 경우를 종종 본다. 검진을 받은 20대 젊은 남자의 간수치가 너무 높아 빨리 병원 진료를 받으라고 연락을 한 적이 꽤 있다. 근육이 파열될 만큼 격렬하게 운동을 해서 근막이 파괴되어 오는 사람들도 있다. 무리한 식이요법이나 너무 강한 운동은 신장에 영향을 준다. 신장 같은 장기는 한번 망가지면 완전히 회복되기 어렵다. 검진에서 용케 발견이 되었으니 다행이다. 많은 사람들이 무리한 다이어트로 건강을 망치는 것을 본다. 적절하게 차근차근 해야 하는 것을 무리해서 몸까지 망가지는 것을 보면 안타깝기 짝이 없다.

공부도 이와 같다. 꾸준히 기초부터 닦아온 사람과 어느 날 갑자기 공부 근육을 만들려고 하는 사람은 다르다. 날마다 공부 근육을 쌓은 사람이야 기본이 있으니 출제 부위에 조금만 더 집중하면 된다. 하지만 평소 공부 근육이 없는 경우 책상에 앉는 습관부터 길러야 한다. 잠도 줄여야 하고 기본도 알아야 하고 인내심도 키워야 한다. 어디서부터 어떻게 손을 대야 하는지 감을 잡을 수도 없다. 그렇기 때문에 우왕좌왕 허비하는 시간도 많다. 갑자기 닥쳐서 하는 벼락치기 공부는 단기기억장치에서 빨리 사라진다. 진정한 자신의 실력으로 남지도 않는다. 시험이 끝나자마자 모두 깨끗이 잊어버리게 된다. 그러다 보면 공부란 시험 때만 하는 것이라고 인식하게 된다. 그러나 세상 어느 것도 벼락치기로 성공할 수는 없다.

'1만 시간의 법칙'이라는 것이 있다. 하루 3시간씩 10년을 해야만 어느 한 분야의 전문가가 된다는 말이다. 사람들은 하루아침에 벼락스타가 되는 줄 안다. '자고 났더니 갑자기 유명해졌다'라는 말을 곧이곧대로 들으면 안 된다. 유명해지기 위해 준비한 눈물겨운 과정이 반드시 있다. 모든 절대량을 채울 때에만 꽃이 피고 열매를 맺는다. 가끔 벼락을 맞는 인생이 있긴 있다. 하지만 그런 벼락행복은 오래 가지 못한다.

하루의 3분의 1 이상을 공부 시간으로 채워 보자. 공부에는 장사도 지름길도 없다. 더 몰입하고 자신과 싸워 시간을 지배하는 자만이 세상을 차지한다는 것을 명심하자.

목표는
스스로 세워야 한다

작은 승리에서 오는 기쁨이 안정과 쾌락을 추구함으로써 얻는 재미보다
좋다는 것을 비로소 나는 깨닫게 되었다.

- 라와나 블랙웰 -

스스로 결정하고 책임져야 한다

아들이 초등학생일 때의 일이다. 아들은 수학과 과학을 참 좋아했다. 하지만 책 읽는 것은 힘들어했다. 수학은 어려운 문제를 풀었을 때 성취감이 좋다고 했다. 어느 날인가 방문을 닫고 한동안 나오질 않았다. 책을 읽으라고 하면 5분도 못 참고 자주 들락날락하던 아이였다. 그런데 그날은 한두 시간이 지나서야 방에서 나왔다. 아들의 얼굴은 벌겋게 상기되어 있었다.

"아! 이제야 풀었네."

"뭐했어?"

"수학 숙제 풀었어요. 잘 안 풀려서 엄청 고민했네."

"안 힘들었어?"

"힘들었지만 재미있었어. 어떻게든 풀어서 좋아요."

아들은 자기가 좋아하는 것에는 몇 시간이고 집중했다. 나는 그 모습을 보고 '무엇이든 본인이 원하는 것에 대한 동기부여가 생기면 해낼 수 있겠구나'라는 믿음이 생겼다. 도전과 성취를 경험한 아들을 본 것이다.

그런데 고등학교에 들어가고 나서는 공부에 집중을 잘 못했다. 자신의 길을 찾지 못해 방황했다. 건성으로 학원을 다니고 있던 아들에게 나는 시간도 돈도 아까우니 다 그만두라고 했다. 그러자 아들은 "그래도 과학학원은 다니고 싶어. 거기만 계속 다닐래."라는 것이었다. 아들의 성향을 알고 있었기에 과학학원은 다니게 했다. 과학 점수는 늘 최고 등급이었다. 좋아하고 잘하니 선순환이 이어졌다.

그때 다닌 과학학원의 선생님과는 지금까지도 좋은 인연을 이어가고 있다. 대학에 들어가고 나서도 가끔 학원에 들러 안부를 나눴고, 군대에서 휴가를 나왔을 때도 만나서 밤늦게까지 술잔을 기울이는 사이가 되었다. 내가 보기에는 진정한 인생 멘토를 찾았다. 누가 시켜서가 아니라 아들 스스로 결정한 것이다. 나는 아들이 인생의 좋은 은인과의 인연을 잘 이어가길 바란다.

스스로 결정한 일은 더 소중하게 생각한다. 누군가가 시켜서 한 일이 아니라 자신이 하고 싶어 했기 때문에 성공하려는 의지도, 성취욕도 높아진다. 이렇게 스스로에게 자존감을 가지게 되면 삶이 변화된다. 자신에 대한 긍정적인 경험보다 강력한 것은 없다. 무엇이든 자신이 원하고 좋아하는 것을 시도해야 한다. 혼자 공부를 통해 진정한 공부를 해 보자. 인생의 큰 변화가 시작될 것이다.

목표가 명확한 사람은 포기하지 않는다

나는 고등학교 3학년 때 사실상 대학 진학을 포기했다. 고등학교 2학년 때까지만 해도 막연히 갈 수 있을 것 같았지만 방법이 없었다. 거기다가 대학 입학 시기에 맞춰 큰언니가 결혼을 하겠다고 했다. 6남매 중 첫 결혼이었다. 결혼 비용을 엄마가 보태야 하는 상황이 되어 버렸다. 타지에서 직장을 다니던 언니는 결혼자금을 모으지 못해 부모님에게 손을 벌릴 수밖에 없었다. 그러니 대학에 가겠다는 얘기는 입 밖으로 꺼낼 수도 없었다. 그나마 시골에서 도시에 위치한 고등학교에 진학한 것도 큰 것이었다. 다른 친구들은 낮에는 공장에서 일을 하고 야간에 학교에 다니는 경우가 많았다.

시골에서 초·중학교를 다니다가 도시로 나와 보니 물이 달랐다. 우물 안 개구리였던 나는 주눅이 많이 들었다. 내로라하는 부모님도 많고, 학교까지 직접 도시락을 가져다주며 뒷바라지하는 부모님도 있었다. 학교 친구들은 대학에 가는 것을 당연하게 여겼다. 자존심이 셌던 나는 어디에도 말을 할 수 없었다. 스스로 포기하면 안 되는데, 아는 것도 없고 의지도 약했다. 그때 내가 정확한 목표나 가고 싶은 학교가 있었더라면 그렇게 쉽게 포기했을까? 어떻게라도 방법을 찾았을 것이다.

하지만 나는 내가 대학에 갈 수 없다고 미리 단정 지었다. 어쩔 수 없다고 원서도 써 보지 않고 숨어 버렸다. 내가 손을 내밀지 않는데 누가 내 손을 잡아 줄 것인가? 물에 빠져도 살려 달라고 소리치지 않으면 모른다. 지나가던 누군가가 구명튜브라도 던져 주려면 내가 먼저 도움을 요청해야만 한다. 그러나 나는 비겁하고 비굴하게 그냥 숨어 버렸다.

나는 졸업 후 실의에 빠져 회사에 취직했다. 내 또래의 여공들과 버스를 타고 수출자유공단으로 출근해 양복을 검수하거나 라디오 부품을 납땜했다. 내가 너무 한심해 보였다. 누가 나를 알아보기라도 할까 두려웠다. 버스에서 내리면 고개를 숙이고 뛰어 들어갔다. 그리고 점점 깨달았다. '내가 대학에 못 가면 누가 가겠나? 더 못한 사람도 다니는데 당연히 내가 가야지'라고 내 스스로를 채찍질했다. 일단 상처 난 자존심 치유를 위해 친구들과의 소식을 끊었다. 주위의 모든 친구들이 대학을 갔기 때문이다. 만나면 전부 대학 얘기만 할 것이 뻔했다.

일단 취직을 한 나는 착실히 돈을 벌었다. 처음 내 힘으로 취직을 한 곳은 양복을 만들어 수출하는 공장이었다. 구직 게시판을 보고 이력서를 낸 당일에 취직이 되어 바로 일을 했다. 나는 검수 파트에서 완성된 양복을 옷걸이에 걸어 두고 확인하며 불량을 찾아내는 일을 말았다. 남들에게는 부끄러워 그냥 회사에 다닌다고 했다. 나는 공장 정문에서 버스를 타지 않았다. 한 정거장 앞으로 걸어가서 타거나 반대방향으로 가서 타곤 했다. 사람들을 의식하느라 진땀을 뻘뻘 흘렸다. 이 자리는 내가 있어야 할 자리가 아니고 이 모습은 내가 아니라고 날마다 다짐했다. 그리고 퇴근 후엔 바로 집에 가서 공부를 했다. 공장 친구들은 퇴근 후 어묵이나 떡볶이를 먹으러 가거나 아이쇼핑을 갔지만 나는 꾹 참았다. 입학금도 모아야 했고 대입 시험도 쳐야 했기에 그럴 수가 없었다.

그때 큰 병원 앞에서 자취를 했다. 퇴근하는 간호사들을 보니 표정부터 나와는 달랐다. 자신감도 있어 보이고 여유로워 보였다. 내가 초등학교 3학년 때 아버지가 뇌를 다쳐 부산대학병원에 입원한 적이 있었다. 아버지 병문안을 갔을 때 마주친 간호사의 모습이 아직도 잊히지 않는다. 흰 가운을 입고 캡을 쓴 간호사가 병원 복도를 걸어오고 있었다. 시골에서 자란 나는 대학병원의 간호사를 처음 보고 신기하기도 하고 무섭기도 해서 얼른 병실로 뛰어 들어갔다. 아버지에게 간호사를 봤다고 말했더니 옆에 있는 누군가가 "간호사가 되려면 자기 귀를 잘라서 들고 다니며 외워야 한대. 그렇게 공부해야 간호사가 되는 거야."라고 했다. 어린 나를 놀리려고 한 말인지도 모르고 무서운 기억으로 자리 잡았다.

나는 간호사가 되면 전문직이라 취직이 보장되고 좋은 병원에서 일할 수도 있다는 생각에 간호대학에 가기로 결심했다. 목표가 정해지자 공부가 술술 되었다.

스스로에게 먼저 약속하라

목표는 막연해서는 안 된다. '어느 대학 어느 학과를 가서 반드시 어떤 회사를 들어가겠다', '연봉은 얼마만큼 받을 것이다' 등 명확한 목표를 정해야 한다. 그래야 목표를 이루기 위해 구체적인 행동을 한다. 목표를 정해 놓지 않고 시작하면 중간에 포기하기 딱 좋다. 스스로 세운 목표를 이루려는 결심이 얼마나 중요한지 나는 몸소 겪었다. 내 자신이 겪었고 내 아이가 겪는 것을 보았다.

스스로에게 하는 약속은 나를 시험하는 것과 같다. 내가 나를 이겨냈을 때의 기쁨은 그 무엇과도 바꿀 수 없다. 자신을 이기는 사람은 세상 아무것도 두렵지 않다. 사람은 책임이 주어졌을 때 그만큼 성장한다. 그것이 자신의 인생을 결정하는 과정이라면 더더욱 그렇다. 오늘 하는 혼자 공부는 미래를 환하게 밝혀줄 빛나는 샛별이 될 것이라고 믿어 의심치 않는다. 당장 스스로에게 약속을 해보자. 혼자 하는 공부가 인생을 주도적으로 살 수 있게 만든다.

공부는 원래
혼자 하는 것이다

낮에 꿈꾸는 사람은 밤에만 꿈꾸는 사람에게는
찾아오지 않는 많은 것을 알고 있다.
- 에드거 앨런 포 -

친구 따라 강남 가지 마라

여자아이들은 삼삼오오 몰려다니는 것을 좋아한다. 밥을 먹을 때도, 매점에 갈 때도 꼭 짝을 지어 다닌다. 심지어 화장실도 같이 간다. 별것 아닌 일에도 깔깔거리고 비밀도 만든다. 서로 고민도 나누고 사소한 것을 함께하면서 시간 가는 줄을 모른다. 이렇게 청소년 시절에는 모든 것을 친구와 공유한다.

그런데 이 친구 저 친구 따라 다니고 분위기를 맞춰 주다 보면 정작 내 시간이 없다. 쉬는 시간도 금방 지나가고 수업 종소리에 뛰어 들어와야 한다. 잠깐 머리를 식히거나 다음 수업을 준비할 수가 없다. 친구가 부르면 사정이 있어도 얼른 따라가야 한다. 은근히 나만 따돌릴까 봐 두려워한다. 사람은 누구나 다른 사람들과 잘 지내고 싶어 한다. 사람들이 챙겨 주고 바라봐 주는 인기인이 되고 싶어 한다. 그래서 유쾌한 이야기로 사람을 불러 모은다. 어떤 친구들은 두둑한 용돈으로 간식을 쏘면서 친구들을 불러 모은다.

나는 중학생 때 아주 친한 친구와 날마다 편지를 몇 통씩 주고받았다. 어찌나 잘 쓰는지, 그 친구의 편지를 읽으면 시간 가는 줄 몰랐다. 손재주까지 있어 편지지에 삽화를 그려 주기도 했다. 우리는 하루에 네다섯 통의 편지를 주고받았다. 편지를 모아둔 상자가 가득 찰 정도였다. 그러던 어느 날 엄마가 하라는 공부는 안 하고 쓸데없는 편지만 쓴다며 그 편지들을 전부 불을 떼고 있던 아궁이에 넣어 버리셨다. 그리고 다시는 편지를 주고받지 말라고 하셨다.

나는 친구에게 사실대로 말하지 못했다. 다만 편지가 너무 많이 모여 땅에 묻었노라고 거짓말을 했다. 그리고 공부하는 시간을 많이 뺏기니 편지를 하루 한 통으로 줄이자고 제안했다. 그러자 친구는 "너 마음이 변했네."라며 냉정하게 돌아섰다. 그날 이후 학교에서 만나도 모르는 척했고, 당연히 편지도 주고받지 않았다. 나는 친구의 태도에 상처를 많이 받았다.

인생에서 누군가와 시간을 함께한다는 것은 내 시간을 온전히 주는 것과 같다. 친구와 함께한 추억도 좋았지만 혼자가 되어 가만히 그 시절을 떠올려 보았다. 그리고 내 결정이 옳았다는 것을 알았다. 하루에 네댓 통의 편지를 쓰면 다른 것은 아무것도 하지 못할 정도다. 그리고 친구의 행동을 보고 어차피 오래 지속되지 못할 우정이었음을 깨달았다.

누구에게나 똑같이 주어진 24시간이다. 그래서 누군가는 다른 사람의 시간을 대가를 지불하고 산다. 시간이란 그만큼 귀하고 소중하다. 그러므로 내 시간은 철저히 나를 위해 사용할 줄 알아야 한다. 그리고 그만큼 남의 시간도 소중하게 생각해야 한다. 나는 편지 사건으로 상처는 받았지만 많은 것을 배웠다. 누군가에게 이끌려 다니는 줏대 없는 삶을 살다 보면 내 인생은 원하지도 않은 방향으로 흘러가 버리고 만다는 것을 말이다.

공부는 자신과의 싸움이다

나는 작가가 되려고 하면서부터 도서관을 자주 이용했다. 시설도 좋거니와 커피도 싸고 맛있다. 우리나라 도서관은 책을 읽고 문화생활을 하는 분위기는 아니다. 자격증 공부를 하는 성인들이 많다. 슬쩍 곁눈질로 보면 부동산중개사 자격증 시험부터 공무원 시험까지 모두 고시 공부하는 사람이다. 그 외는 거의가 중·고등학생들이다. 학생들은 대부분 몇 사람씩 짝을 지어온다. 혼자 오는 경우는 별로 없다. 화장실도 몰려가고 물 마시러 갈 때도 함께 간다. 짝을 지어 삼삼오오 나가면 30분에서 1시간은 우습게 흘러간다. 도서관에 오기는 왔지만 공부는 글쎄다.

그런 반면 어른들은 모두 혼자 온다. 혼자 온 사람들은 철저히 집중한다. 몰입하고 휴식하고 시간을 전적으로 자신에게 맞춘다. 시간을 잘 쓰고 있다. 어린 친구들에게는 차라리 어디 가서 화끈하게 몇 시간 놀다가 오라고 하고 싶다. 서로 따로 공부하라고 충고해 주고 싶은 마음이 들 때도 있다. 서로 만나 깔깔거리고 몰려다니다 보면 하루가 그냥 간다. 몸만 도서관에 와 있지, 친구들과 노느라 공부는 뒷전이다. 차라리 마음껏 몇 시간 놀고 와서 단 두세 시간이라도 공부에 집중하는 편이 좋다.

공부는 철저히 혼자 해야 한다. 공부는 자신과의 싸움이다. 누가 대신해 줄 수도 없다. 함께할 수가 없다. 어른들이 도서관에 혼자 오는 데는 이유가 있다. 시간을 자신에게만 쓰기 위해서다. 진짜 절실하게 공부가 필요하기 때문이다.

노는 것도 공부만큼 중요하다

언젠가 민사고가 한창 인기 있을 때였다. 민사고 학생들의 생활을 밀착 취재한 다큐멘터리를 본 적이 있다. 토론 수업, 스포츠 등 그룹 활동이 필요한 것은 모여서 하지만 공부할 때는 철저히 혼자 하는 모습이 인상적이었다. 학교는 학생들 각자의 특성에 맞춰 책상을 원하는 곳으로 옮겨 쓸 수 있게 해 주거나 밤늦게까지도 불을 켜고 공부할 수 있도록 배려해 주는 모습을 보였다.

나는 그 방송에서 한 여학생에게 깊은 인상을 받았다. 이미 미국 메이저 대학 여러 곳에서 입학 허가를 받은 학생으로, 스트레스를 춤으로 푸는 모습을 보여 주었다. 브레이크댄스 같은 격렬한 춤을 신나게 추면서 모든 스트레스를 날린다고 했다. 부모님과 선생님들도 그 학생의 스트레스 해소법을 인정하고 지지해 주었다.

만약 자녀가 스트레스를 해소하겠다며 춤을 배우겠다고 한다면 허락해 줄 부모가 과연 몇이나 될 것인가 하는 생각이 들었다. "춤출 시간 있으면 그 시간에 영어 단어나 하나 더 외우고 수학 문제를 더 풀어!"라고 잔소리를 할 게 뻔하다.

아이들은 공부하는 기계가 아니다. 성인인 우리도 하루 8시간 일하면 초주검이 된다. 집중력이 짧고 한창 에너지 넘치는 아이들이 책상 앞에 가만히 앉아 있기란 어렵다. 그런데 어른들은 자주 그 사실을 잊는다. 책상 앞에 앉아 있기만 해도 안심이다. 아이들은 부모님께는 도서관에 간다고 하고 오기는 하지만 자리만 잡아 놓고 어디론가 사라지기 일쑤다. 친구들과 어울려 도서관 주위를 배회하다 해가 기울어지면 집으로 돌아간다. 부모야 아이가 하루 종일 도서관에 있다 왔으니 공부하다 왔겠지 생각하겠지만 아니다.

안타깝게도 아이들이 놀 곳이 마땅히 없다. 나는 공부만큼이나 중요한 것이 놀이라고 생각한다. 요즘 사회는 아이들에게 땀 흘려 운동할 자유를 주지도 않는다. 휴일이면 아이들이 도서관에 머무는 시간이 거의 10시간 정도 되는데, 이 긴 시간을 허비하고 가는 것을 보면 안타깝다. 5시간 신나게 놀게 하고 2시간 밥 먹더라도 3시간이 남는다. 그 시간만이라도 집중해서 혼자 공부한다면 어떨까 생각하게 된다.

놀 땐 놀고 일할 땐 일하는 사람이 인생도 잘 산다. 어른들도 직장 일에 몰입하지 못하는 사람들이 많다. 그런 사람들은 일에 대한 보람도 없고 만족도도 떨어진다. 하물며 집중력이 떨어지는 청소년들은 어떻겠는가. 하루 종일 공부만 하라고 한들 진정으로 공부에 몰입할 수 있을까?

공부는 원래 혼자 해야 하는 것이다. 그런데 10대에는 친구들의 영향을 많이 받는다. 그러니 좋은 친구를 사귈 수 있도록 좋은 성격을 기르는 것이 공부만큼 중요하다. 좋은 친구관계는 공부에 훨씬 효과적이다. 아이들은 어른들에게 자신의 고민을 상담하기 부담스러워한다. 또래 친구에게 털어 놓고 상의한다. 이처럼 친구가 일생일대의 영향을 미친다. 좋은 친구가 옆에 있다면 혼자 하는 공부를 하면서도 많은 도움을 주고받을 것이다.

나만의 공부 주도권을
잡아라

배울 때 기쁨을 느끼지 않는 자를 가르쳐선 안 된다.
무언가에 열중하는 것, 사랑하는 것, 배우는 것, 그것은 같은 것이다.
- 파스칼 키냐르, 《은밀한 생》 중에서 -

스스로 원하는 것이 아니면 어떤 노력도 소용없다

우리나라의 헬리콥터파파나 타이거맘 등의 이야기는 세계적으로 알려져 있다. 골프 선수 박세리의 아버지는 특별훈련을 시킨 것으로 유명하다. 강한 정신력을 키우기 위해 했다는 한밤중 공동묘지 훈련 이야기는 듣기만 해도 간담이 서늘하다. 김연아 선수 어머니의 눈물겨운 희생과 뒷바라지도 마찬가지다. 코치를 직접 물색했고 연습시간에 항상 함께 있었다. 자기를 완전히 희생했다는 것이다. 부모란 대체 무엇이기에 이 정도로 할까 하는 생각이 들게 한다. 자기 자신을 위해서는 할 수 없지만 자식을 위해서는 무엇이든 할 수 있는 것이 부모다.

얼마 전 높은 시청률을 기록하며 종영된 드라마가 온 나라를 떠들썩하게 했다. 우리나라 상위 1% 부자들의 사교육을 다룬 드라마였다. 서울대 의대 출신 부모들이 자식들을 서울대 의대에 보내기 위해 어떻게 하는지 보여 주었다. 나는 그 드라마를 보기 전까지는 서울대 의대라는 자존심을 이어가기 위해 그렇게까지 하는지 짐작도 못했다. 그러나 막상 드라마를 보고 나니 충분히 그럴 수도 있겠다는 생각이 들었다. 어떤 환경에서 교육받고 자라는지 대충 가늠해 볼 수 있었다. 한편에서는 현실이 드라마보다 더하다는 이야기들이 오고 갔다.

드라마에는 공부도 잘하고 모범적이며 겉으로 전혀 문제가 없어 보이는 완벽한 아들이 나온다. 그는 당당히 서울대 의대에 합격해 엄마의 자존심을 살려 주었다. 주위 엄마들은 그 아이의 입시 포트폴리오를 받기 위해 치열한 물밑작업을 벌이기도 했다. 그런데 그는 입학허가서를 받자마자 자퇴했다. 그리고 "엄마, 엄마가 원하는 대로 저는 서울대 의대에 합격했습니다. 이것으로 됐죠? 그러면 이제부터 저는 저의 꿈을 찾아 제가 원하는 것을 하겠습니다."라고 통보하고 떠나버렸다. 충격을 받은 엄마는 비극적인 선택을 했다. 부모의 대리인생을 살아온 아들과 아들의 성공이 자신이 사는 이유라고 믿었던 엄마였다. 아들의 진정한 인생과 꿈에 대해서는 생각하지 않았다. 무조건 명문대를 위해서만 달려온 비극적인 결과였다. 드라마라서 다소 극적인 내용이었지만, 얼마든지 일어날 수 있는 일이라는 생각이 든다. 진정으로 내가 원하는 것을 찾고 주도적인 인생을 살아야 함을 드라마를 보면서 배웠다.

좋아하는 것을 찾아라

우리 딸은 고집이 세지도 않고 겁이 많았다. 나는 활달하고 강하게 키우고 싶었다. 내가 자랄 때 워낙 약골이었기 때문이다. 나는 운동과는 거리가 멀었다. 그래서 운동에 대한 아쉬움이 많았다. 그래서 딸에게는 태권도나 수영을 시키고 싶었다. 스포츠도 잘하고 활동적인 여성이 되었으면 하는 것이 내 바람이었다. 집 앞 태권도장에서 들려오는 아이들의 기합 소리가 그렇게 좋을 수가 없었다. 그래서 딸을 데리고 태권도장을 방문했다.

흰 도복에 빨간 띠, 검은 띠를 한 올망졸망한 어린이들이 땀을 뻘뻘 흘리며 운동을 하고 있었다. 관장님의 기합에 맞춰 절도 있게 운동하는 모습이 너무 귀여웠다. 겁이 많은 딸은 내 등 뒤로 숨어서는 나오지 않았다. 남자 관장님을 만나는 것도 무서워했다. 늘 엄마랑만 지내던 딸은 남자를 무서워했다. 관장님의 설득과 엄마의 완곡한 바람에도 고개만 절레절레 저었다. 딸을 설득할 방법이 없었다. 호기심을 가지게 해 보려고 몇 번 더 가보기도 했다. 나중에는 태권도장 문 앞에서 안 들어가려고 버텼다. 겁이 많아 기합 소리에도 깜짝깜짝 놀랐다. 아쉽지만 태권도는 포기할 수밖에 없었다.

그다음은 수영에 도전하기로 했다. 예쁜 수영복과 수모, 수경까지 사자 신나서 수영을 배운다고 했다. 친하게 지내는 이웃집 친구와 함께한다고 하니 얼른 가겠다고 했다. 첫날은 나도 함께 수영장에 갔다. 엄마들은 멀리 2층에서 지켜보고 있었다. 아이들은 입수 전 체조를 따라하며 즐거워했다. 그런데 막상 입수가 시작되자 평소 물을 무서워하던 딸아이가 안 들어가겠다고 울기 시작했다. 그때 코치가 딸을 번쩍 안아 물속에 거꾸로 넣었다. 나는 긴장된 모습으로 지켜보고 있었다. 아이는 물속에서 허우적거렸다. 코치는 아이를 끌어올린 뒤 나에게 오라는 손짓을 했다. 얼른 내려가 보니 아이는 입술이 파래져서 눈물콧물 범벅이었다. 온몸은 사시나무처럼 파르르 떨고 있었다. 코치는 도저히 안 되겠으니 오늘은 그만하자고 했다. 그렇게 집으로 온 딸은 수영장 얘기만 나와도 기겁을 했다.

딸의 태권도와 수영 도전기는 이렇게 막을 내렸다. 그 뒤로도 포기하지 않고 태권도와 수영에 더 자주 노출시키고 두려움을 극복하게끔 했으면 성공했을지도 모르겠다. 그러나 처음 만난 장벽이 높기도 했고 그렇게까지 싫어하는 것을 강제로 시키고 싶지는 않았다. 그 시간에 좋아하는 것을 찾아주고 싶었다.

끈기와 의지만 있다면 못할 것이 없다

이번에는 발레학원을 찾았다. 요즘이야 발레가 많이 대중화되어 있지만 그때는 드물었다. 아이는 예쁜 발레복과 슈즈를 보더니 하겠다고 했다. 학원에 간 첫날, 예쁜 발레복을 입은 선생님이 반갑게 맞아 주셨다. 그렇게 여섯 살부터 시작된 딸의 발레 배우기는 초등학교 3학년 때까지 계속되었다. 그때 신었던 슈즈는 아직도 딸의 타임캡슐박스에 고이 간직하고 있다.

수줍음 많은 아이가 사람들 앞에서 춤을 추기도 했다. 좋아하는 운동을 하니 힘든 다리 찢기도 참아내고 땀을 뻘뻘 흘리면서 다 따라 했다. 어릴 때 배운 발레가 한몫을 했는지 커서도 멋지게 춤을 춘다. 한바탕 추고 나면 스트레스가 확 날아간다고 한다. 가끔 노래방에서 노래를 부르며 춤추는 모습을 보면 입이 쩍 벌어진다.

딸이 초등학교 4~5학년 때다. 학교에서 미술 수업 시간이 짧아 미처 못 그린 그림을 집에서 마저 그려오라고 숙제를 내주었다. 학원에 갔다 오느라 숙제를 못한 딸은 저녁 식사 후에 그림 숙제를 하기 시작했다. 나는 아이들을 항상 밤 9시에서 9시 30분 사이에 잠자리에 들도록 했다. 어릴 때 잠이 부족하면 잘 자라지 못하는 데다 다음날 일찍 일어나야 하기 때문이다. 그런데 그림 숙제가 오래 걸려 밤 11시가 넘었는데도 끝내지 못하고 씨름을 하고 있었다.

방문을 열어 보니 땀을 삐질삐질 흘리며 숙제에 열중하고 있었다. 그냥 자고 시간이 없어 다 못했다고 선생님께 말씀드리라고 해도 절대로 안 된다고 우겼다. "엄마가 좀 도와줄까?" 해도 고개만 가로저을 뿐이었다. 밤 12시가 가까워져 참다못한 내가 크레파스를 집어 들고 빈곳을 조금 칠해 주었다. 그러자 딸이 갑자기 눈물을 흘리기 시작했다.

"왜 울어?"

"엄마가 왜 내 그림을 맘대로 칠해."

그러더니 내가 칠한 부분을 손톱으로 긁어내기 시작했다.

"알았어. 잘못했어. 미안해. 그러니까 그냥 두고 남은 거만 칠해."

겨우 달래서 새벽 1시가 되어서야 숙제를 마쳤다. 딸은 그 뒤로도 자신이 정한 약속이나 해야 할 일에 대해서는 다른 이의 도움 없이 혼자 해냈다. 일하는 엄마를 두어서인지 스스로 하는 것에 익숙했다. 평소 겁이 많은 것과는 또 다른 모습이다. 겁이 많다고 다 의지하고 누가 대신해 주어야 하는 것은 아니다. 그렇게 생각하면 오산이라는 것도 자식을 키우면서 알게 되었다.

한 번뿐인 인생, 자기주도권을 가져라

못하고 싫어하는 것을 위해서 시간을 허비하는 사람들이 많다. 그러다 보면 잘하는 것, 좋아하는 것도 못하고 살게 된다. 못하는 것에 초점을 맞추다 보면 의욕도 떨어지고 자존감도 낮아진다. 사람은 누구나 장점과 단점, 강점과 약점이 있다. 누구나 좋아하는 것과 싫어하는 것이 있다. 싫어하는 것은 되도록 안 하고 피해 가도 괜찮다고 생각한다. 어차피 모든 것을 다 잘하고 완벽할 필요는 없다. 그 시간에 잘하는 것에 초점을 맞추고 개발한다면 자신감도 생기고 성공할 확률도 높다. 좋아하는 것에 맞추는 자기주도권을 가지다 보면 공부에 재미와 가속도가 붙는다. 그러다 보면 앞으로 되고 싶고 하고 싶은 일도 찾게 된다. 인생은 한 번뿐이니 하고 싶은 것을 하며 사는 멋진 사람이 되길 바란다.

혼공으로
기적의 주인공이 되라

분별력이 약할 때 편견은 강하다.
- 케인 오하라 -

결핍은 최고의 동기부여가다

누구는 태어날 때부터 금수저를 물고 태어났다고 부러워한다. 금수저가 아닌 흙수저들은 왠지 태어날 때부터 패배자가 된 것 같은 억울함이 든다. 그러나 자수성가한 사람들의 80%가 흙수저였다고 한다. 그러니 부모가 금수저를 못 물려줘서 성공하지 못했다는 말은 말이 안 된다. 비겁한 자기합리화다. 그리고 금수저는 금수저대로의 비애가 있다고 생각한다. 금수저는 인생을 살면서 선택할 수 있는 여지가 많이 없다. 예를 들면 잘 차려진 밥상이 늘 있는 것과 같다.

나는 여행을 갈 때 조식 뷔페에 가는 것을 참 좋아한다. 평상시에는 아침을 잘 안 먹지만 호텔 조식 뷔페에서 누리는 호사는 여행의 즐거움 중 한 가지로 꼽는다. 하지만 그것도 여행 첫날뿐이다. 뷔페에는 수많은 음식과 디저트가 차려져 있지만 손이 가는 것은 몇 개 안 된다. 그리고 하루 이틀 지나고 나면 먹을 것도 없어 보이고 식욕도 안 생긴다. 음식이 수십 가지나 되는데도 먹을 것이 없다고 투덜거린다.

금수저들도 이와 같다는 생각이 든다. 동기 부여가 없다. "너는 도대체 부족한 게 뭔데? 뭐가 부족해서 그 모양이야?"라고 하지만 결핍은 최고의 동기부여다. 양식장의 물고기는 시간 맞춰 사료가 나오기 때문에 먹이 사냥을 위해 치열하게 움직이지 않아도 되니 몸이 단단할 이유가 없다. 금수저들도 똑같다. 온실 속 완벽한 환경 안에서 살다 보면 넓은 세상의 많은 경험들을 놓친다. 돈 주고도 살 수 없는 귀한 경험들을 하지 못한다.

세상에 영원한 진리는 없다

우리는 대부분 평범하고도 평범한 집안에서 태어났다. 그런 가운데 평범하게 자라도록 교육받았다. 학교에서도 획일적인 주입식 교육을 받았다. 어쩌다가 궁금한 것이 생겨도 입을 다물어야 했다. 조금만 별난 생각을 하면 바로 선생님의 회초리가 날아들거나 체벌이 가해졌다. 수업 시간에 딴짓을 조금이라도 했다가는 분필이 날아들었다. 선생님을 존경하기보다는 두려움의 대상으로 여기게 했다.

　이런 획일적인 교육은 사회에 나와서도 계속된다. 회사의 회의 시간은 말이 회의지 일방적인 지시 전달 시간이다. 자유로운 토론이 없다. 회의란 어떤 안건에 의견을 말하고 조율하는 것이다. 그러나 부하직원이 의견을 말했다가는 상사에게 찍히기 십상이다. 반대 의견을 내놓기라도 하면 죽일 것처럼 야단친다. 회의는 왜 하는지 모를 일이다. 그러니 다들 회의시간이면 상사와 눈이라도 마주칠까봐 고개를 책상에 처박고 낙서만 끄적거리고 있다. 우리 세대의 슬픈 자화상이다. 다른 사람의 의견을 들어보고 조율해 나가는 방법을 배운 적이 없다. 언제나 일방적인 지시만 따르도록 배웠다.

　내가 옳다고 생각했던 일도 다른 사람의 생각과 관점에서는 다르게 보일 수 있다는 것을 알아야 한다. 틀린 것이 아니라 다르다는 것을 인정하고 받아들일 줄 알아야 한다. 그래야 성숙해지고 대화가 된다.

　달걀을 부화시키기 위해 품에 안고 있던 어린 에디슨의 이야기를 우리는 알고 있다. 나는 그 이야기를 읽으며 나도 에디슨처럼 달걀을 품어 볼까 하고 잠깐 생각하기도 했다. 그러나 나의 엉뚱한 실험을 본 주위 사람들의 반응을 생각하니 용기가 나지 않았다. 에디슨이 그런 엉뚱하고도 기발한 실험을 할 때 주위 사람들의 반응이 궁금했다. 실패하고 또 실패했지만 바보라고 놀리지는 않았을 것 같다. 에디슨이 최고의 발명가가 될 수 있었던 이유는 어디에 있을까? 무수히 실패하면서도 성공할 때까지 포기하지 않은 것이다. 세상은 이렇게 행동하는 사람에 의해 창조되고 만들어진다.

막상 내가 달걀을 품고 있다고 가정해 보자. 분명 누군가 창피를 주거나 놀렸을 것이다. 우리나라의 정서가 그렇다. 배운 대로만 해야 하고 가르친 대로 사는 것이 최고라고 배웠다. 실패한 사람에게는 패배자라는 낙인을 찍는다. 실패를 통해 배우는 것도 있는데, 그냥 실패로만 생각한다. 직접 경험하는 과정에서 얻는 교훈은 그 누구도 가르쳐 줄 수 없다.

우리는 윗세대가 알고 있는 것을 진리인 것처럼 배웠다. 과거에 옳았던 것은 지금도 옳다고 배웠다. 그때는 배울 수 있는 것이라고는 구전과 책이 전부였다. 부모들은 문맹인 경우가 많았으니 멘토 역할을 할 수도 없었다. 그러나 인터넷이 발달하고 세상이 빠르게 변하고 있다. 우리가 배우고 알고 있는 것들이 모두 다 옳은 것은 아니라는 것을 알게 되었다. 이전에 진리였다고 해서 지금도 진리는 아니라는 것도 배웠다. 어른이라고 해서 모두 옳고 어른이라고 모두 다 알고 있지 않다는 것도 배웠다.

끝까지 포기하지 않는 사람이 성공한다

내 주위에는 자수성가한 사람이 없다. 그런 사람을 만나볼 기회도 없었다. 나는 어릴 때와 마찬가지로 지금도 평범한 사람들과 살아간다. 백만장자도 없고 엄청난 명예를 가진 사람도 없다. 그것이 내 인생이려니 하고 살았다. 어릴 때 읽었던 위인전의 위인들은 그냥 책 속 인물로만 생각했다. 현실과 너무 동떨어져서 도저히 내 주위에서는 있을 수 없는 일인 줄만 알았다. 그래서 꿈을 물으면 대답들이 한결같았다.

"넌 커서 뭐가 되고 싶니?"

"전 대통령이요."

"과학자요."

"전 선생님이요."

이렇게 아이들이 천편일률적인 꿈을 가지게 된 데는 어른들의 영향이 크다. 요즘 대학생들은 공무원을 준비하는 비율이 90%라고 한다. 어떤 과목을 전공했든 결론은 공무원이다. 왜 대학에 공무원과가 없는지 이상할 정도다. 이유가 무엇일까?

부모들은 내 자식이 평범하고 안정적으로 살기 바란다. 이런 부모의 바람과 사회 분위기가 공무원 열풍을 만들어낸 것은 아닐까? 얼마 전, 서울시 공무원의 35%가 이직을 원한다는 내용의 기사를 봤다. 최근 2년간은 400여 명의 서울시 공무원이 퇴사했다고 한다. 막상 공무원이 되어 보니 '내가 이런 일을 하려고 그토록 공부했나? 이러려고 공무원이 된 것은 아닌데…'라며 회의를 느끼는 사람이 많다는 것이다.

하지만 실패는 젊음의 특권이다. 자수성가한 사람들을 만나 보면 남들이 가지 않은 길을 걸어왔음을 알 수 있다. 무모할 정도로 엉뚱하고 기발한 사람들이다. 남들이 모두 같은 생각을 할 때 혼자 엉뚱하고 창의적인 생각을 가진 사람들이 성공한다. 될 수 있는 방법을 찾아 열 번, 스무 번 실패하고 실패해도 결코 포기하지 않은 사람들이 성공한다.

시작해 보기도 전에 안 될 이유부터 찾는 사람들이 태반이다. 행동하면서 되는 방법을 찾아내는 것이 성공으로 가는 지름길이다. 이건 이래서 안 되고 저건 저래서 안 된다는 사람들은 10년 전이나 10년 후나 똑같이 살게 된다. 앞으로 나아가지 않으면 후퇴하는 것이라고 했다. 혼자 가는 길은 고독하다. 그러나 고독함을 견뎌야 큰 깨달음이 온다. 처음 가는 길을 두려워할 필요는 없다. 누군가 가지 않은 길을 선택해서 가보는 개척자의 정신을 가져야 성공한다. 누군가 가지 않았다면 내가 가보리라는 굳세고 강한 의지를 가져 보자. 그렇게 나아간다면 생각보다 꿈에 빨리 도달할 수 있다. 그리고 생각지도 못한 배움을 얻을 수도 있다. 이것이 진정한 나만의 혼자 공부법, 혼공이 아닐까? 혼공으로 기적의 주인공이 되어 보자.

공부하는 방식을
바꿔야 한다

나를 먼저 알아야 한다

얼마 전 화제의 드라마 〈스카이캐슬〉을 보았다. 치열한 경쟁 사회에서 최상위로 살아남기 위해 목숨을 건다는 생각이 들었다. 그런데 이왕 목숨을 걸려면 서로 행복한 일에 목숨을 거는 것이 어떨까 하는 아쉬움과 비탄이 절로 나왔다. 아이도 엄마도 행복한 공부라는 것은 세상에 없는 것일까? 사람들은 드라마보다 현실이 더 살벌할 거라고 했다. 서로 경쟁만을 일삼는 피라미드의 상위 포식자가 되기 위해서는, 철저하게 누군가를 희생양으로 삼아야 하는 현실을 보았다. 인생이 씁쓸하다 못해 고통으로 다가왔다. 내가 엄마여서 더 그런지도 모르겠다.

나는 국어나 영어 등 언어, 음악과 사람을 좋아하고 사교적이다. 리더십이 있고 문제가 생겼을 때 책임감 있게 해결한다. 순발력이 있고 사태를 파악하는 능력이 높다. 순간 대처 판단이 빠르다. 그에 비해 숫자에 약하고 기계에 관심이 없다. 손가락으로 덧셈, 뺄셈을 하고, 최신 휴대전화나 가전제품도 잘 모른다. 이것만 봐도 나는 철저하게 문과적인 사람이다. 그리고 사람을 만나고 소통하는 일이 좋다. 그러니 간호사가 잘 맞는 편이다. 병원에서 일하면서 사람을 만나고 소통하는 일에 보람을 느꼈다.

이렇듯 자신이 좋아하고 잘하는 것이 무엇인지 알아야 한다. 직업을 선택하기 전에 나를 아는 것이 먼저다. 그래야 일을 통해 성취감을 느끼고 인생을 제대로 살아갈 수 있다. 남들이 부러워하는 직업을 가져서 뭐할 것인가? 최고의 대학을 나오고 최고의 직업을 가진다 하더라도 불행한 사람들이 부지기수다. 내가 진짜 잘할 수 있고 하고 싶은 것을 찾아야 한다. 어쩌면 그것은 평생 찾아야 할 숙제일 수도 있다.

아이가 말하지 않아도 알아주는 부모가 되자

나는 아이들 각자의 달란트를 찾아내 키워 주는 엄마가 되고 싶었다. '도대체 나의 아이들은 무엇을 잘하고 무엇을 하고 싶어 할까? 잘한다고 시작했는데 아니면 어쩌지? 하다 보니 아닌 것 같아서 다른 것으로 바꾸면 남보다 늦고 그만큼 손해잖아. 그러니 처음부터 잘 찾아내야 해'라는 부담을 느꼈다. 나는 여태 명확한 꿈과 목표 없이 살았다. 그래서 나의 아이들은 행복하고 성공하기를 바랐다.

첫아이 임신 소식을 알고 나서 바로 태교를 시작했다. 인내심이 강한 아이로 키우고 싶던 내가 택한 태교는 뜨개질이었다. 나는 아이가 태어나면 집에 피아노를 들이고 가르쳐 주고 싶었다. 그래서 피아노 덮개를 뜨기 시작했다. 교습책을 보며 하얀 면사로 된 실을 한 올 한 올 바늘로 떠 나갔다. 한여름 만삭일 때도 의자에 정자세로 앉아 3시간씩 피아노 덮개를 떴다. 한 코 한 코 뜨는 일이 결코 쉽지 않았다. 그러나 태교라고 생각하고 클래식 음악을 틀어 놓고 마음을 편안하게 먹으면서 계속 떴다. 드디어 몇 개월 만에 피아노를 충분히 덮을 만한 작품이 완성되었다. 후에 아이가 자라 피아노에 앉을 때마다 이 덮개는 엄마가 태교를 하며 뜬 것이라고 이야기해 주었다.

딸아이가 어린이집에 다닐 때였다. 밤에 잠을 자는데 뭔가 느낌이 이상했다. 놀라 일어나 딸에게 가보니 몸이 불덩이였다. 열을 재보니 자그마치 39도가 넘었다. 아이는 닭똥 같은 눈물만 뚝뚝 흘리고 있었다. 신음 소리도 내지 않았다.

"아프면 엄마를 불러야지."

"엄마 잠자잖아."

그 어린 것이 엄마를 배려한다고 자기 몸이 불덩이인데도 꾹 참고 혼자 울고 있던 것이다.

또 한 번 아찔한 일이 있었다. 병원에서 일을 하고 있는데 아이에게 배가 아프다고 연락이 왔다. 생리통을 꽤 앓던 터라 예사로 들었다. 아니면 변비겠거니 생각했다.

"집에 핫팩 있으니 데워서 배에 올려놓고 전기장판 켜고 누워 있어."

그러고는 까마득히 잊어버리고 있었다. 아이는 방학 때라서 학교도 안 가고 있었다. 나는 너무 바빠 조퇴를 할 상황도 아니었다. 조금 이따가 다시 연락이 왔다. 목소리가 심상치 않았다.

"엄마가 너무 바빠서 데리러 못 가. 엄마가 택시 불러줄 테니 그거 타고 병원으로 와."

그러고는 택시를 불러 집으로 보내 주었다. 병원에 도착했다는 아이 말에 달려 나가 보니 초주검이 되어 있었다. 하루 종일 혼자 얼마나 앓았는지 모습이 말이 아니었다. 얼른 응급실로 데려가 검사를 했더니 복막염이었다. 정신없이 아이를 수술실에 들여보내고 대기실에 앉아 자책했다. 아무도 없는 집에서 얼마나 아파 울었을까 생각하니 내가 너무나 한심하고 아이에게 미안하기만 했다. 딸의 맹장염을 키워 복막염을 만든 무심한 엄마였다. 바쁜 엄마와 인내심이 강한 딸이 병을 키웠던 것이다.

그런 호된 경험을 한 뒤로는 조금만 아프다고 하면 걱정이 된다. 어지간히 아파도 아프다고 하지 않는 아이란 것을 알았기 때문이다. 인내심을 키우고자 했던 태교의 힘이었나? 태교의 영향력이 얼마나 막강한지 몸소 체험했다.

인생은 멀리 봐야 한다

둘째를 가졌을 때는 1년의 휴식기를 끝내고 재취업할 때였다. 기다리던 재취업이 결정되어 출근하라는 연락이 왔다. 그런데 임신 소식까지 함께 왔다. 그 시절 직장에서의 임신은 눈칫밥 신세였다. 여성에게 임신과 출산은 직장을 그만두는 계기가 되었다. 그런데 나는 입사하자마자 임신 소식을 알린 것이다. 선배의 구박이 노골적이었다.

"너는 생각이 있는 사람이야, 없는 사람이야? 지금 막 취업을 하면서 임신이라니! 말이 되니?"

"죄송합니다. 임신이 될 줄 몰랐습니다."

하기야 큰 병원을 막 개원하는 상황이었으니, 선배의 입장도 이해는 간다. 개원 준비를 하느라 엄청 정신없고 바빴었다. 일을 하는 와중에도 교육이 계속되었고, 집에서 할 과제도 많았다. 퇴근하면 아이를 재워 놓고 과제를 하며 손 놓고 있던 간호학 책을 다시 펼쳤다. 나는 다른 직원들에게 폐를 끼치지 않기 위해 일부러 더 열심히 임했다. 병원에서는 항상 뛰어다녔으며, 3교대 근무도 똑같이 했다. 수시로 배가 뭉쳐 아파도 절대 티내지 않았다. 임신했다는 핑계로 일을 소홀히 한다는 소리를 들을까 봐 일부러 더 많이 움직

1장 | 혼자 하는 공부가 기적을 만든다

63

이며 일했다. 퇴근할 때면 다리가 너무 부어 신발이 들어가지 않을 정도였다. 그렇게 출산 전날까지 근무했다.

그런데 내가 출산하고 얼마 지난 뒤 나를 구박했던 선배가 마흔이 넘은 늦은 나이에 결혼을 하면서 병원을 그만두게 되었다. 송별회 때 나는 그 선배 옆에 가서 술을 한잔 따라 주며 말했다.

"결혼 축하드려요. 이제 결혼하시니 임신이 그렇게 뜻대로 되는 일인지 한번 보세요. 아기는 신이 만드는 것이지, 사람이 만드는 것이 아닌 것 같아요."

10년이나 차이 나는 대선배라 떨렸지만 마음먹고 했다. 지금 생각해도 마지막에 한 방 날린 게 속이 다 시원하다.

자신만의 특별함을 찾아라

나의 딸과 아들은 서로 정말 다르다. 내가 보기에는 아들은 아들답고 딸은 딸답다. 그렇게 가르치지도 않았는데 완전히 다른 것을 보면 신기하기 짝이 없다. 아이들을 키우며 각자의 개성이 얼마나 다른지를 똑똑히 체험했다. 지금은 다름을 인정하는 세상이다. 너와 내가 다르고 나라와 나라가 다름을 인정한다. 다른 가운데 더 많은 개성이 생겨난다. 새로운 문화나 특별함들이 수많은 콘텐츠를 탄생시킨다. 다르기 때문에 더욱 특별하다.

이제는 기본으로 배워야 할 것들만 빼고 나머지는 과감히 바꿔야 한다. 대학교를 졸업한다고 취업이 보장되는 시절이 아니다. 남들과는 다른 나만의 특별함을 찾아야 한다. 진짜 잘할 수 있는 것, 진짜 하고 싶은 것을 더욱 치열하게 고민하고 찾아야 한다. 끊임없이 고민하고 찾아가다 보면 나만의 특별하고 다른 것을 반드시 찾아내게 될 것이다. 그러려면 공부하는 방식도 바꿔야 한다. 주입식의 이론적인 공부만 해서는 안 된다. 개개인을 더 인정하고 존중하며 개인의 행복을 특별히 생각하는 세상이 되기를 바란다.

2장

명확한 꿈과
목표를
설정하라

최소한의 시간으로
최대한의 공부를 하라

실천은 생각이 아닌 책임을 기꺼이 받아들이는 태도로부터 나온다.
- 디트리히 본회퍼 -

종착지가 확실하면 출발부터 다르다

나는 아이들이 대학에 들어간 뒤 혼자 지내는 시간이 많았다. 그전까지는 아이들을 위해 쓴 시간이 많았던 터라 아이들이 집을 비우자 무엇을 해야 할지 몰랐다. 갑자기 텅 비어버린 집에 들어가면 옷도 갈아입지 않고 멍하게 몇 시간씩 앉아 있곤 했다. 시간이 너무 많아 어떻게 해야 할 줄을 몰랐다. 아이들 키울 때는 그렇게 쏟아지던 잠도 안 왔다. 실컷 잔 것 같아 일어나 보면 새벽 2~3시밖에 안 되었다. 밤이 이렇게 긴지 처음 알았다.

그전에는 하루가 어떻게 가는지 모르고 살았다. 엘리베이터도 안 타고 뛰어다녔다. 직장도 바쁜 곳이라 뛰는 것이 습관이 되었다.

그랬던 내가 이제는 멍하게 시간을 죽이고 있었다. 그러자 우울증이 찾아왔다. 무기력과 불면증도 함께 찾아왔다. 하릴없이 시간을 죽이고 있자 내 마음에 병이 들기 시작했다.

친정아버지는 여든이 되기 전에 돌아가셨다. 아버지는 부지런하셔서 마당에 나뭇잎 하나 없도록 쓸고, 담장 밑 풀도 다 뽑는 등 늘 움직이는 분이셨다. 그런데 늙고 쇠약해지시자 거동이 힘들어지셨다. 그 무렵 아버지는 의자 하나를 마당 한편에 내놓고 거기 앉아 가만히 햇볕을 쬐셨다. 누군가와 이야기를 나누지도 않고 책을 보지도 않았다. 그냥 가만히 계셨다. 그런 아버지를 보면서 참 슬프다는 생각이 들었다. 아버지는 시간을 죽이고 있었다. 당시 나는 직장생활에 치여 정신을 못 차리고 있었다.

이제 와 생각해 보니 아버지는 아무것도 할 수 없어 가만히 앉아 계신 것이었다. 나도 아이들을 멀리 떠나보내고 가만히 앉아 있을 때 참 슬펐다. 아버지가 앉아 있던 모습이 내가 멍하게 앉아 있는 모습과 같다는 생각이 들었다.

나는 나를 위해 시간을 쓰는 방법을 잊어버렸다. 가족들에게만 시간을 쓰다 보니 정작 나를 위해 시간을 쓸 줄을 모르고 살았다. 바빠서 시간이 부족한 것도 문제지만 할 일이 없어 시간이 남아돈다는 것이 이렇게 괴로울 줄은 미처 몰랐다. 나는 더 이상 꿈도 목표도 없었기에 해야 할 일이 없었다. 시간은 무언가를 위해 쓸 때 소중하다. 그 소중한 시간을 쓰지 않고 죽이고 있는 것이 고통이란 것을 나는 그때 알게 되었다.

인생을 긴 여행이라고 표현한다. 우리는 여행을 떠나기 전 목적지를 정한다. 목적지에 도착해서 무엇을 할 것인지도 정한다. 계획 없는 여행은 불안하고 지루하다. 아예 여행을 떠나지 않는 사람도 있다. 인생도 마찬가지다. 종착지와 목표가 확실한가 하는 것은 인생의 설계도를 가지고 있느냐와 같다. 무작정 떠났다가는 길을 잃는다. 인생의 큰 밑그림을 그려 놓고 움직이는 것은 그만큼 중요하다. 어디로 여행을 가느냐에 따라 준비물도 다르다. 기간도 다르고 마음가짐도 달라진다.

공부를 할 때도 막연히 '공부를 잘하고 싶다'라고만 생각하면 안 된다. 그것은 명확한 목표가 아니기 때문이다. 인생에서도 막연히 '성공하고 부자로 살아야지' 하는 마음과 이루고자 하는 명확한 목표를 만들어 놓고 시작하는 인생은 출발부터 달라진다.

공부는 마라톤과 같다

10년 전 골프를 배운 적이 있다. 골프는 작은 공을 긴 클럽으로 치기 때문에 목표 지점을 보는 것이 참 중요하다. 공이 날아가는 중간에 무엇이 있느냐는 그리 중요하지 않다. 공을 떨어뜨릴 지점을 상상해야 한다. 그 지점을 향해 샷을 날린다. 공이 연못에 빠질까 봐, 언덕에 걸릴까 봐 무서운 사람은 멀더라도 돌아가는 수밖에 없다. 공이 좋은 곳에 떨어졌어도 막상 가까이 가서 보면 다르다. 생각보다 경사가 심해 자세가 불편할 수도 있다. 예상치 못한 바람이 불어 방해할 수도 있다. 귓가에 날파리 한 마리가 신경을 거슬리게 할 수도 있다. 이런 여러 가지 상황을 이겨내고 샷을 날려야 한다. 목표를 잡을 때 조금만 방향을 잘못 잡으면 공은 아주 엉뚱한 곳에 떨어진다. 인생에도 수많은 연못과 모래 언덕이 있다. 무조건 무서워 피하거나 되돌아간다면 꿈을 이룰 수 없다. 길게 보고 호흡하며 나만의 페이스에 집중해야 한다.

공부는 오랜 시간을 이겨내야 하는 마라톤과 같다. 어느 마라톤대회에서 우승한 주자에게 물었다.

"달리는 동안 무엇이 가장 힘들었나요?"

"신발 속의 작은 모래 한 알이 가장 나를 괴롭혔습니다."

이처럼 생각지 못한 아주 작은 일이 나를 힘들게 한다. 그러나 목표만 정확하게 보고 나아간다면 그런 것쯤은 아무렇지도 않게 이겨내는 덤덤함이 있어야 한다. 목표가 있으면 그곳에서 탈출하는 나만의 노하우도 가지게 된다. 한두 번 탈출하다 보면 단단한 마음과 실력까지 쌓이는 내가 될 것이다.

길게 보고 선택하라

내가 어렸을 때는 직업이 그리 다양하지 않았다. 그래서 친구들 대부분 선생님이나 과학자를 꿈꿨다. 가난했던 나는 돈을 많이 벌고 싶었는지 은행원이라고 대답했었다. 한국은행에 들어가서 돈을 실컷 만지고 돈과 함께 있고 싶었다. 그런데 나는 수학이나 셈과는 거리가 먼 사람임을 알게 되었다. 필수로 해야 하는 주산이나 부기 같은 과목도 싫었다. 내가 좋아하는 것과 되고 싶은 것이 달랐다.

여고 입학 때는 졸업 후 취업을 할 취업반과 대학에 입학할 입시반으로 나뉘어 모집을 했다. 나는 입시반에 지원했다. 막연하게나마 대학을 가야 한다는 생각이 들었다. 하지만 나는 대학에 갈 수 없었다. 그래도 졸업 후 공장에서 일하면서도 대학에 가는 꿈을 버리지 않았다. 1년 동안 착실히 돈을 모으고 퇴근 후 혼자 열심히 공부를 해서 마침내 간호대학에 입학했다. 그때 상업고등학교에 다니거나 취업반을 나온 친구들은 졸업과 동시에 은행으로 취직을 많이 했다. 나도 공장에 다닐 때 취업반으로 갈걸 하며 후회한 적이 있다.

그러나 35년이 지난 지금 되돌아보니 내 선택이 옳았다. 그때 은행에 갔던 친구들은 대부분 결혼과 동시에 직장을 그만두어야 했다. 그리고 그 이후에는 다시 은행에 취직하지 못했다. 전문직이 아니기 때문에 재취업이 어려웠다. 나는 간호사라는 전문직을 선택했기에 결혼과 동시에 직장을 그만두었지만 1년 뒤 더 좋은 곳으로 재취업에 성공했다. 간호사 자격증은 국가가 인정하는 자격증이므로 내가 하고 싶을 때까지 일을 할 수 있다. 요즘 내 친구들은 중년의 여성임에도 당당한 전문직으로 직장에 다니고 있는 나를 많이 부러워한다. 나 역시도 참 감사하고 자랑스럽다.

꿈은 인생의 내비게이션이다

낯선 길을 운전할 때는 내비게이션의 안내를 따라간다. 그렇지 않으면 모르는 길을 돌고 돌아 시간과 노력을 헛되이 쓰게 된다. 내비게이션을 따라가다 보면 원하는 곳에 적절하게 도착한다. 꿈과 목표는 내 인생이 어떤 방향으로 가야 하는지 알려 준다. 인생의 내비게이션이라고 할 수 있다. 그렇기 때문에 반드시 필요하고 늘 옆에 두어야 하는 것이다.

꿈과 목표 없이 시작하는 여행은 너무도 막연하다. 막연하다 못해 방향을 잡을 수 없어 갈팡질팡하다가 되돌아오는 수가 있다. 그러나 어떤 목표나 꿈이든 내가 가고자 하는 곳을 명확히 정하면 공부의 방향이 달라진다. 공부의 의미도 달라진다. 공부를 해야 하는 이유가 생긴다. 어떤 공부를 어떻게 해야 하는지도 방향이 잡힌다. 누군가 시켜서 하는 공부가 아닌 스스로 공부할 이유가 생긴다. 공부할 이유를 몰라서 방황하고 있다면 명확한 꿈과 목표를 설정해 보자. 그래야 최소한의 시간으로 최대한의 공부를 할 수 있다.

명확한 꿈과 목표를
설정하라

꿈은 저축과 같다

꿈은 되도록 크게 가지라고 말한다. 꿈의 크기나 종류에 따라서 그 사람의 행보가 달라지기 때문일 것이다. 예를 들어 야구선수가 되고 싶은 두 사람이 있다고 해 보자. 한 사람은 그저 막연히 '야구를 잘하는 선수가 되고 싶다'라고 생각하고, 한 사람은 '미국 메이저리그에 진출해서 연봉 3,000만 달러를 받겠다'라고 생각한다. 두 사람은 야구선수라는 꿈은 같지만 그 크기나 명확성에서 엄청난 차이가 있다. 메이저리거라는 구체적인 목표를 세운 사람은 마음가짐이나 자세부터 다르다. 그리고 살아가는 행동방식이나 연습량, 관심분야와 일상생활까지 모두 달라질 것이다. 세계적인 선수가 되기 위해 끊임없이 연습하고 연구할 것이다. 미국에서의 멋진 인터뷰를 꿈꾸며 영어 공부도 할 것이다. 어느 정도 단계에 올라서더라도 자만하거나 게을러지지 않을 것이다. 이처럼 목표가 크면 더 큰 꿈을 이루기 위해 자신을 담금질하게 된다. 목표나 꿈이 명확하므로 힘들거나 괴로운 연습도 이겨낼 수 있다.

꿈은 저축과도 같다. 푼돈을 일정기간 모아야만 목돈이 된다. 그래야 목표한 금액이 되는 것이 저축이다. 이전에 1억 원 모으기 카페가 유행한 적이 있었다. 1억 원이라는 돈은 어마어마하게 크다. 더구나 저축으로 한 푼 두 푼 모아본 사람은 돈의 가치를 특별하게 생각한다. 그러나 1억 원이 로또처럼 갑자기 생긴 사람은 그 가치를 잘모른다. 쉽게 벌면 쉽게 쓴다고 했다. 모래 탑은 금방 무너진다.

환경보다 내면이 중요하다

로또 1등에 당첨된 사람들이 10년 뒤 어떻게 살고 있는지 살펴본 결과, 대부분 로또 당첨 이전보다 불행해졌다고 한다. 처음에는 이해되지 않았다. '그 많은 돈이 생겼는데 어떻게 노숙자가 되고 알코올중독자가 되었지?' 하고 신기했다. 하지만 자세히 살펴보면 그럴 수밖에 없는 이유가 있었다. 그들은 자신의 행운을 관리할 준비가 되어 있지 않았다. 돈 관리에 대한 준비를 하지 못한 채로 큰돈을 수중에 넣게 된 것이다. 돈이 갑자기 들어오자 흥청망청 쓰기 바빴다. 생활은 모두 엉망진창이 되고 무절제해졌다. 무조건 직업부터 버렸다고 한다. 많은 돈이 생기니 가족 간의 불화도 심해졌다.

나 또한 대부분의 사람들처럼 복권에 당첨되면 무엇을 할 것이냐는 질문을 받았을 때 가장 먼저 직장을 그만 둘 것이라고 생각했다. 그리고 부자들이 여러 사업을 의욕적으로 진행하는 것을 보고 '그 돈으로 그냥 놀지, 왜 고생을 사서 하지?'라는 생각을 한 적이 있다. 왜 돈이 생기면 그냥 놀고 싶어 하는 걸까? 아무것도 하지 않기 위해 부자가 되려는 것은 아닌데 말이다. 아마도 지금 현실에 만족하지 못하기 때문일 것이다. 그러니 무조건 직장을 그만둘 생각만 한다. 참 부끄럽다.

반면 복권에 당첨되었지만 전혀 달라지지 않은 사람도 있다. 미국의 한 중학교 과학교사가 어마어마한 금액의 복권에 당첨되었다. 그는 다음과 같은 인터뷰를 했다.

"1년 뒤 당신은 무엇을 하고 있을 것 같나요?"

"저는 제 일이 너무 좋습니다. 여전히 학교에서 아이들에게 과학을 가르치고 있을 겁니다. 물론 학교에 갈 때 좀 좋은 차를 타고 가겠지요."

나는 이 기사를 보고 멍해졌다. 그는 자신이 원하는 바를 분명히 알고 있었다. 이미 꿈을 이루어 가는 과정에 있기 때문에 큰돈이 생겼다고 해서 갑자기 자신의 인생이 달라지지 않을 것이라고 말했다.

이처럼 명확한 꿈은 중요하다. 우리는 대부분 복권에 당첨되면 인생 역전이 되었다고 생각한다. 지금까지와는 다른 삶을 살고 싶어 한다. 왜일까? 명확한 꿈과 목표 없이 인생을 흘러가는 대로 살아왔기 때문이다. 자신이 원하고 좋아하는 일을 하고 꿈을 이루어 가고 있다면, 어떤 상황이 벌어져도 흔들리지 않는다. 자신의 길을 꾸준히 가는 사람이 더없이 행복한 사람이다. 인생을 살아가는 가치를 아는 사람이다.

목표가 있어야 시간을 아낄 수 있다

내 아들은 항공정비사가 되기 위한 꿈을 가지고 대학에 다니고 있다. 그 꿈은 초등학생 때부터 시작되었다. 아이의 앞날을 생각했던 우리는 앞으로의 직업에 대해 생각해 보았다. 어느 날 인터넷에서 앞으로 전망이 있는 직업군을 보게 되었다. 그 뉴스를 아들과 함께 보며 이야기를 나누었다. 아들은 10개 정도의 전망 있는 직업 중에서 항공정비사에 대해 관심을 보였다. 내 생각도 항공산업은 앞으로 많은 발전이 있을 것 같았다. 몇십 년 뒤에는 비행기가 지금보다 훨씬 더 많아질 것이다. 어쩌면 우주를 여행하게 될 수도 있다. 그때부터 아들은 항공정비사라는 꿈을 가지게 되었다.

아들이 초등학교에서 자신의 꿈에 관한 글짓기를 했다. 항공정비사가 되어 있는 자신의 미래를 상상하며 글을 썼다. 세계 곳곳을 누비는 자신의 이야기를 생생히 그렸다. 외국항공사에서 근무하며 높은 연봉을 받는 전문기술자로 일하고 있는 모습이었다. 사랑하는 아내의 직업은 스튜어디스라고도 썼다. 자식을 낳은 행복한 모습까지 생생하게 쓴 글짓기였다. 그걸 보고 적잖이 놀랐다. 내가 생각한 것보다 훨씬 더 생생한 꿈을 그리고 있었다. 아들은 자기가 쓴 글을 나에게 읽어 주었다. 그때 아들의 꿈으로 반짝이던 눈빛을 지금도 잊지 못한다.

고등학교에 다닐 때는 잠시 꿈을 잃고 방황하기도 했다. 공부에 좌절하기도 하고 힘든 시기를 보냈다. 자기가 원한 항공 관련 대학 최종 면접에서는 낙방의 쓴 맛을 보기도 했다. 기대를 했던 아들은 크게 실망했다. 나 역시 낙방이라는 말에 실망감을 감출 수 없었다. 아들을 위로해야 했지만 그럴 마음의 여유가 생기지 않았다. 왜냐하면 아들이 최선을 다하지 않았다는 것을 알았기 때문이다. 고3인 아들은 공부에 집중하지 않았다. 그 과정을 지켜보는 엄마로서는 안타까웠다. 말을 물가로 데리고 갈 수는 있어도 물을 먹일 수는 없었다.

집중과 인내의 노력 없이 무엇인가를 바란다거나 쉽게 이루는 것은 원치 않는다. 다음에 무엇인가에 도전하거나 얻을 때에도 너무 쉽게 생각할 것이다. 정당한 노력 없이 원하는 것을 쉽게 가진다면 중요한 것을 놓치게 된다. 땀으로 일군 인생에서 얻는 소중한 경험을 영영 잃어버린다. 인생을 운에만 맡기면 안 된다. 중요한 순간에 쓴맛을 보게 된다. 노력과 인내를 이겨낸 사람만이 귀중함을 알게 된다. 스스로가 힘든 과정을 이겨내고 노력하면서 다음 인생의 여정을 또 배우고 노력하게 된다.

나는 엄마로서 그런 과정을 지켜보았다. 처음 낙방이라는 결과를 받았을 때는 마음이 아팠지만 좋은 경험이라고 생각했다. 거기서 포기하지 않고 아들의 점수에서 합격이 가능한 항공정비학과 대학을 찾았다. 그 결과 수석으로 입학했다. 대다수의 학생들처럼 점수에 학교를 맞추긴 했지만 어릴 때부터의 꿈이었기에 항공정비학과를 선택하기로 했다.

아들이 다니는 학교는 넓은 공항이 갖추어진 바닷가에 있다. 비행사의 꿈을 가진 학생들이 연습비행을 하느라 하루 종일 비행기가 시끄럽게 학교 위를 난다. 넓은 학교 운동장에는 각종 비행기가 전시되어 있다. 아들은 어릴 때부터 꿔온 꿈이 진짜 현실이 되는 과정을 착실히 밟아가고 있다.

명확한 목표는 인생의 나침반이 되어 준다

아들이 항공정비학과를 선택할 때 믿음으로 걸을 수 있었던 이유는 한 가지였다. 어릴 때부터 아이에게 꿈과 목표를 정확히 심어주었기 때문이다. 요즘 아들은 이렇게 말한다.

"엄마, 나처럼 미리 꿈을 정하고 목표를 정한 사람이 없더라고요. 다른 친구들은 모두 성적에 맞춰서 그냥 대학에 들어가요. 그런 후에야 앞으로 무엇을 할지 생각해요."

그렇게 대학을 들어가면 목표가 없기 때문에 무엇을 해야 할지 몰라 시간만 버리게 된다. 대학은 전문지식을 쌓으며 미래를 준비하는 곳이다. 그런데 일단 대학에 들어가고 보자는 심정으로 성적에 맞춰 아무 과나 들어간다. 적성에 맞지 않아 휴학과 자퇴를 거듭한다. 자신의 명확한 꿈이나 목표에 대해 생각해 본 적이 없다. 그냥 흘러가는 대로 인생을 맡겼기 때문이다.

인생은 꿈이 있어야 살아갈 이유가 생긴다. 꿈은 어떻게 살아야 하는지 방향을 잡아 준다. 살아 있음을 확인시켜 주는 중요한 동기가 된다. 어릴 때부터 항공정비사의 꿈을 가졌던 아들은 벌써 올해 졸업반이 되었다. 선배들이 외국계 항공사 및 국내 굴지의 항공사 등에 대거 취업하는 모습을 보며 자신도 빨리 취업해서 사회생활을 하고 싶다며 기대에 부풀어 있다. 수업도 열심히 듣고 자격증도 착실히 땄다. 실습도 나가고 영어 공부도 하며 하나하나 준비하고 있다.

나는 그 모든 과정을 옆에서 생생히 지켜보며 응원하고 지지해 주고 있다. 이루 말할 수 없는 보람을 느끼고 있다. 아이들이 어릴 때부터 좀 더 명확한 꿈과 목표를 설정해 보자. 무엇인가를 결정할 때 믿음으로 걸어 나가게 될 것이다.

빠른 성적 향상의 비결은
공부 추진력이다

당신은 이미 충분히, 엄청, 당신이 생각하는 것보다 강하다.
- 이효리 -

연습은 절대 나를 배신하지 않는다

고성능 스포츠카들을 보통 슈퍼카라고 부른다. 슈퍼카의 반열에 오르기 위해서는 '제로백 4초대 이하'라는 조건에 부합해야 하는데, 제로백이란 정지 상태에서 시속 100킬로미터까지 가속에 걸리는 시간을 말한다. 슈퍼카는 만들어질 때부터 속도를 생각한다. 최고의 속도에 적당하도록 엔진의 마력과 날개 모양, 그리고 차체 구조까지 모든 것이 맞춰져 만들어진다. 엔진의 힘이 400마력이라고 하니 상상이 안 갈 정도다. 추진력에서는 가히 폭발하는 미사일 같은 힘을 가졌다고 하겠다.

슈퍼카 같은 순간 추진력을 가진 사람으로 100미터 달리기의 신화를 쓴 우사인 볼트를 들 수 있다. 그는 2009년 세계육상선수권대회에서 9초 58이라는 신기록을 냈다. 10년이 지난 지금도 깨지지 않고 있다.

그러나 인생이나 공부는 슈퍼카의 제로백이나 100미터 달리기처럼 단시간 기록 단축이 아니다. 순간적으로 폭발하는 힘보다 마라톤 같이 꾸준함이 필요하다. 전략적으로 필요한 곳에 적절히 힘을 분배해야 한다. 막판에는 최종적으로 스퍼트를 내야 하는 지루하고 고통스러운 경기와 같다. 긴 시간을 홀로 자신과 싸워야 한다. 그런데 사람들은 의외로 인내심이 많지 않다. 순간적인 결심은 잘하지만 지속하는 인내심은 많지도 길지도 않다.

100미터 단거리 선수가 순간적으로 폭발하는 힘을 내기 위해서는 수많은 연습이 필요하다. 적절한 체중도 있어야 가속도가 붙는다. 근육도 키워야 한다. 출발 자세까지 과학적으로 분석한다. 아무도 보이지 않는 곳에서 얼마나 피나는 노력을 할 것인가? 보이는 것이 다가 아니다. 또한 운동은 부상의 위험이 있다. 몸이 아파도 참아야 하는 인내의 고통이 따른다. 그런 모든 것들을 이겨낸 결과다.

사람들은 결과에만 관심을 갖지만 자신은 안다. 이런 추진력과 결과를 갖기까지의 피나는 시간들이 헛되지 않음을 안다. 수천수만 킬로미터를 달렸을 것이고 발바닥이 짓무르도록 연습했을 것이다. 비가 오나 눈이 오나 이를 악물고 몸을 단련하고 속도를 올렸을 것이다. 기본기를 다지기 위해 출발 연습만 수천만 번 반복했을 것이다.

기회는 기본을 갖춘 사람에게 온다

공부 역시 필요한 순간에 폭발적인 추진력을 가지려면 기본이 단련되어 있어야 한다. 그 추진력의 기본은 자신의 결심이다. 스스로 하고자 하는 의지다. 9등급 꼴찌도 스스로 결심한다면 얼마든지 1등급이 될 수 있다. 스스로 결심하고 선택해야 한다. 이것이 인생을 살아가는 데 다른 어떤 것보다 강한 추진력이라고 생각된다. 어떻게 살 것인지는 스스로 결정해야 한다. 그래야 공부하는 목표가 생긴다. 그 목표만 확실하다면 공부는 그때부터 강한 추진력을 가진다. 적수가 없을 것이다.

'지성이면 감천'이라는 속담이 있다. 목표를 이루고자 꾸준히 노력한다면 하늘도 감동해 돕는다는 뜻이다. 아무리 힘들고 어려운 가운데에도 공부에 대한 열망을 포기하지 않는다면 도와줄 사람을 찾는 일은 식은 죽 먹기다. 하지만 스스로 하고 싶지 않다면 어떤 좋은 방법이라도 소용이 없다. 세상은 나에 의해 만들어지고 이루어진다.

사람은 아무것도 모르는 상태로 똑같이 태어난다. 물론 성향이나 성격 등은 어느 정도 선척적인 부분도 있다. 그러나 천재는 노력에 의해 만들어진다고 생각한다. 노력하는 사람은 그 누구도 당해낼 재간이 없다. 누구나 노력이 얼마나 중요한지 안다. 그러나 노력을 꾸준히 지속하기란 쉽지 않다. 그래서 사회에서는 공부를 잘하는 사람을 존경하고 인정해 주는 것이다. 기본 됨됨이를 평가할 수 있는 기본 중의 기본이라고 생각하기 때문이다.

　나는 면접을 보는 경우가 종종 있다. 그래봐야 1년에 서너 번 정도이긴 하다. 하지만 사람을 평가하는 일이 얼마나 어려운지 조금은 알 것 같다. 우선 이력서에 있는 사진과 출신학교, 성적, 경력사항 등을 훑어보고 자기소개서도 꼼꼼히 읽는다. 그다음 면접을 진행한다. 그동안 면접관으로서 경험에 비추어 보면 공부를 잘한 사람은 자신감이 높고 당당하다. 일하고 싶어 하는 열정이 느껴진다. 어떤 일이 주어지든지 최선을 다해서 열심히 하겠다고 한다.

　반대로 성적이 낮은 사람들은 대부분 자신감이 없다. 성적이 낮은 이유를 설명해 보라고 하면 무척 당황한다. 성적은 학교생활을 나타내 주는 객관적인 데이터다. 때문에 어떤 변명의 여지가 없다. 그래서 성적이 좋은 사람을 눈여겨 볼 수밖에 없다. 성적이 좋은 사람이 열정까지 크다면 사람을 구하는 입장에서 누굴 뽑겠는가.

　직원 면접을 볼 때였다. 면접관들의 질문이 끝나고 지원자들에게 하고 싶은 말이 있으면 해보라고 했다. 다들 미처 준비를 못했는지 머뭇거리고 있는데 한 사람이 손을 들더니 "제 꿈과 포부에 대해 말씀드리고 싶습니다."라며 자신이 준비한 내용을 당당하게 말했다. 사실 그는 사회초년생이라 경력직을 뽑는 그 자리에 맞지 않았지만 면접관들은 만장일치로 그를 합격시키기로 했다.

나는 이런 상황을 보고 깨달았다. 공부를 잘해서 좋은 성적을 가지고 있으면 기회가 왔을 때 당당해진다. 그 과정을 위해 열심히 달렸고 성실히 준비했으니 당당하고 열정을 보이게 되는 것은 두말할 나위가 없다.

도전하는 과정에서 발전이 따라온다

나는 영어를 좋아한다. 외국인을 만나면 무조건 인사한다. 그리고 문법이 틀리든지 말든지 자꾸 말을 걸어본다. 말이 안 되면 손짓 발짓까지 동원한다. 진땀은 나지만 일단 부딪치고 본다. 우리나라 사람들은 영어를 위해 많은 시간과 돈을 투자한다. 어릴 때부터 영어 유치원이나 원어민 교사가 있는 학원에 보낸다. 방학 동안에는 해외연수도 시키며 영어를 위해 천문학적인 투자를 한다. 그러나 막상 외국인을 만나면 꿀 먹은 벙어리가 된다.

내가 다니는 직장에도 외국인이 가끔 방문한다. 나는 못하는 영어를 손짓 발짓을 섞어 가며 설명하려고 애쓴다. 잘 모르는 것은 쉽게 말하고 알아들을 때까지 설명하려고 노력한다. 그래서 사람들은 내가 영어를 잘하는 것으로 오해하곤 한다. 내 실력은 그냥 단어를 연결하는 정도밖에 안 된다. 우리 직원들은 외국인이 오면 일단 시선을 피한다. 어쩌다 뭐라도 물어보면 엄청 당황한다. 대화를 해 볼 시도조차 하지 않는다. 언젠가 TV에서 본 공익광고가 생각났다. 길을 물어보는 외국인이 나타나자 여기저기 숨는 사람들을 보여 주었다. 이곳저곳에 숨어서 긴장하는 우리 직원들의 모습이었다.

그런데 영어를 꼭 잘해야만 할까? 영어는 우리나라 말이 아니니 못하는 것이 당연하다. 우리나라에 온 외국인이 한국말을 하는 게 맞다. 그러니 부끄럽게 생각하지 말고 당당했으면 좋겠다. 일단 웃으며 먼저 인사한 뒤 한국말을 할 줄 아는지 물어보고, 못할 경우 손짓 발짓으로 의사소통을 하면 된다. 그 과정에서 본인이 영어 공부의 필요성을 느꼈을 때 스스로 공부하게 될 것이다. 처음부터 무엇이든지 잘할 수는 없다. 자꾸 도전하는 과정에서 어느 순간 조금씩 발전하게 된다.

인공위성을 쏠 때 어느 궤도에 올라갈 때까지는 엄청난 에너지와 힘이 필요하다. 궤도에 올라가면 버릴 건 버리고 꼭 필요한 본체만 우주에 진입한다. 공부도 마찬가지다. 성적 향상을 위해서는 반드시 몰입하는 과정을 거쳐야 한다. 그러다 보면 어느 순간부터 자연스럽게 속도가 붙는다. 그리고 정상적이고 안정적인 궤도에 진입하게 된다. 공부에 가속도를 붙이고 싶다면 몰입이라는 추진력을 키우자. 에너지를 모으고 온몸과 정신을 집중해 보자. 몰입의 순간을 거치다 보면 어느새 향상되어 있는 성적을 만나게 될 것이다.

우등생이 되고 싶다면
자기 확신을 가져라

괴로운 일이 지나가면 그만큼 멋진 일이 기다린단다.
- 루시 모드 몽고메리, 《빨간 머리 앤》 중에서 -

실패를 경험하라

우리나라는 실패에 대해서 관대하지 못하다. 시작도 하기 전에 실패할까 봐 걱정부터 한다. 실패에 대한 두려움으로 안정적이고 편안한 것만 추구한다. 새롭고 불확실한 것에는 도전하지 않는다. 그러나 젊은 시절의 실패는 진정한 삶의 밑거름이 된다.

얼마 전 초등학생 아들 졸업식에 다녀온 후배가 놀라며 말했다.

"요즘 애들 장래희망이 뭔지 아세요? 제일 많은 것이 건물주였어요."

"뭐라고? 건물주?"

나는 입이 다물어지지 않았다. 세상이 변했으니 그러려니 할 정도가 아니라는 생각이 들었다. 요즘은 '조물주 위에 건물주'라는 말이 유행이다. 돈이 중요한 가치로 떠오른 세상에서 건물주가 되고 싶은 것이 당연할 수도 있다. 안정적이고 편한 것을 추구하는 세상이다. 힘들고 어려운 일은 하려고 하지 않는다. 아무리 그렇다고 해도 초등학생들이 건물주가 되고 싶어 한다는 것을 어떻게 받아들여야 할지 난감하다. 건물주가 되는 것도 쉽지 않다는 사실을 알고는 있을까?

누군가는 쓰레기를 주워야 한다. 누군가는 뜨거운 용광로에서 일해야 하고, 누군가는 바다에 나가서 고기를 잡아야 한다. 그래야 세상이 돌아간다. 내가 일하는 병원에서도 힘든 부서와 그렇지 않은 부서가 있다. 나는 처음 간호사를 시작할 때 중환자실에 지원했다. 다들 힘들고 무서워 피하는 부서라 지원하는 사람이 많지 않았다. 하지만 나는 중환자실에서 수년을 근무했다. 그렇게 경험을 쌓자 어느 부서를 가도 두렵지 않았다. 그러나 처음부터 일반병동에 근무한 간호사들은 중간에 중환자실이나 응급실로 발령이 나면 그만두는 경우를 많이 봤다.

처음부터 쉬운 일만 하고 실패를 경험하지 않으면 생각지 않게 어려운 일이 생겼을 경우 버텨내지 못한다. 두려움이 앞서 도전하려고도 하지 않는다. 초등학생들이 건물주를 꿈꾸는 것이 나쁘다는 말이 아니다. 다만 어린 학생들이 너무 편안하고 안이하게만 세상을 살아가려는 것이 아닌가 하고 걱정이 될 뿐이다.

사막을 달리는 마라톤 경주가 있다. 걷기도 힘든 곳에서 마라톤을 하다 보니 경기 중 사망자가 발생하기도 한다. 일반 마라톤처럼 진행요원들이 곳곳에 있는 것도 아니라서 사망자가 뒤늦게 발견되기도 한다. 사망 원인은 대부분 목마름이라고 한다. 사막이니 당연하다고 생각할 수도 있지만 사망자들의 물통에는 물이 남아 있었다고 한다.

우리는 목이 마르면 물을 마신다. 그런데 그때는 이미 몸에서 물이 부족한 상태라고 한다. 그래서 마라톤 베테랑들은 일정한 시간과 거리를 지나면 목이 마르지 않아도 물을 마신다고 한다. 몸에 물이 부족하지 않도록 미리 수분을 공급해 주는 것이다. 사람의 인생도 마라톤과 같다. 필요한 것을 미리 준비해 둬야 큰 고비를 잘 넘길 수 있다.

지쳐 쓰러지기 전에 한 템포 쉬어 가라

중학교 교사로 30년 넘게 재직한 친구가 있다. 그 정도면 자긍심도 대단하고 못할 일이 없을 것 같다는 생각이 든다. 그런 친구가 얼마 전부터 많이 지쳐 했다. 앞으로의 인생 계획도 세우고 한 템포 쉬기도 하면서 그동안의 피로를 풀고 싶어 했다. 어쨌거나 큰 결심을 한 것이다. 나는 적극적으로 지지해 주었다.

예전에는 든든한 직업을 가진 것만으로도 감지덕지해야 했다.

힘드네, 어떠네 했다가는 배가 불렀다는 둥 질책이 돌아왔다. 그러나 사람이 그렇게 전력질주만 해서 살다 보면 큰일이 생긴다. 일도 싫어지고 사람도 싫어지고 결국은 살기가 싫어진다. 너무 힘든 사람은 자기가 힘들다고 표현도 못한다. 친구는 그러기 전에 기력을 보충하고 여유를 갖게 되어 정말 다행이다.

병원에는 대형 사고가 나서 많은 부상자가 동시 다발적으로 발생했을 경우 사용하는 매뉴얼이 있다. 살려달라고 고래고래 소리를 지르는 사람은 그나마 괜찮은 상태다. 오히려 조용히 가만히 있는 사람이 위험한 상황이다. 그런 사람일수록 빨리 응급조치를 해야 한다. 몸에 힘이 없어 아프다는 소리조차도 하지 못하는 것이기 때문이다.

내가 심장센터에서 본 응급환자들도 처음에는 통증을 호소하며 매우 괴로워한다. 그러다가 급박한 상황이 되면 갑자기 조용해진다. 그러고는 곧 심장이 멈추거나 호흡이 정지된다. 그래서 응급 심장환자는 재우지 않는다. 힘이 없어 눈을 감으려고 하면 자꾸 이름을 부르거나 몸을 흔들어 깨운다. 기침도 시키고 이름을 물어 보기도 하면서 억지로라도 눈을 뜨게 한다.

이처럼 너무 아프고 지치기 전에 쉬어야 한다. 보충할 것은 보충해 주고 다시 시작해야 한다. 그래야 건강하게 오래 살 수 있다. 직장에서 안식년이나 안식월이 있다면 일을 할 때도 훨씬 덜 지칠 것이다. 그리고 일의 소중함을 깨닫고 감사할 것이다.

야생의 꽃이 더 향기롭다

쉬는 동안 무엇을 해야 할지 몰라 고민하는 친구에게 나는 아무거나 해보라고 했다.

"도대체 뭘 해야 할지를 모르겠네. 너는 책도 쓰고 작가가 되었는데 나는 아무것도 할 줄 아는 것이 없어 고민이야."

"내가 해냈는데 너는 더 잘하지. 너무 고민하지 말고 무엇이든 한번 도전해 봐."

"실패하면 어떡하지? 팔랑귀라서 이것저것 다 해 보다 안 되면 어떡하지?"

"실패하면 어때? 다시 벌떡 일어나기만 하면 되지. 이제 두려울 것이 없는 나이 아니야? 지금 못하면 언제 하겠어?"

인생의 변환점에서 다른 것을 시도해 본다는 것만으로도 축하할 일이다. 뭔가를 시작하려면 필연적으로 변화가 필요하다. 대부분의 사람들은 변화를 무척 두려워한다. 변화 자체보다는 실패할지도 모른다는 불안감을 두려워하는 것이다. 하지만 두려움에 굴복해 시도조차 하지 않는다면 영원히 아무것도 이뤄낼 수 없다. 온실에서 자란 채소는 부드럽고 맛이 밋밋하다. 반면 야생에서 자란 화초는 향기와 맛이 뛰어나다. 이처럼 몸으로 부딪히고 경험하며 비바람을 이겨낸 사람은 강한 향기를 뿜는다. 인생의 참맛을 안다.

그런데 사람들은 자신의 인생이 온실 속 화초가 되기를 바란다. 온실 속에서는 스스로 노력할 필요가 없다. 알아서 물과 거름을 주고 온도까지 맞춰 준다. 누구보다 강한 맛과 향기를 지니려면 작렬하는 태양을 견뎌내야 한다. 비바람 치는 모진 밤도 이겨내야 한다. 살을 에는 추위도 참아야 한다. 그래야 향기로운 꽃을 피워 열매를 맺고 씨를 뿌린다.

대부분의 사람들은 공부를 잘하고 우등생이 되기를 바란다. 그러면서 게임을 하거나 만화를 보며 빈둥거린다. 뭔가를 얻으려면 반드시 다른 하나는 포기해야 한다. 그리고 자신에 대한 확신이 있어야 한다. 해낼 수 있다는 확신은 수많은 어려움을 견디게 해 준다. 절대 중도에 포기하지 않는다. 나는 특별하다는 믿음을 가져야 한다. 인생의 성공자라는 확신은 스스로를 믿는 데서 시작된다. 정신력만 있다면 인생의 모든 어려움을 견뎌낼 수 있다.

꿈이 클수록
성적이 중요하다

해야 할 일 중에 급한 일보다는 중요한 일을 먼저 하라.
- 스티븐 코비 -

공부만큼 성공하기 쉬운 것도 없다

유명한 운동선수들의 연봉을 들으면 놀랄 때가 종종 있다. 월급쟁이인 나는 상대적 박탈감을 느끼기도 한다. 나와 무관한 사람들의 이야기로 받아들이기에는 현실이 너무 초라하기만 하다. 그러나 이것은 결과만 놓고 단정 짓는 못난 생각이다. 그 사람들의 노력과 과정을 보면 결코 쉽지 않았다는 것을 알 수 있다. 실력을 증명해야 하는 피 말리는 프로의 세계다. 그 중압감을 견뎌내기란 말처럼 쉽지 않을 거란 생각이 든다. 어려서부터 운동선수의 꿈을 가지고 자라다가 중간에 부상이나 슬럼프를 겪은 사람들을 많이 보게 된다. 모든 것을 걸었던 꿈이 완전히 물거품이 되고 만다. 이제까지의 모든 꿈과 노력들이 산산이 부서지고 무용지물이 되는 좌절감을 맛보게 된다. 얼마나 많은 꿈나무들이 우리가 모르는 사이 스러져 갔을까?

운동과 예능은 특히 성공하기 어려운 분야라고 한다. 어떤 학생들은 공부가 하기 싫어 운동이나 예술을 한다고 한다. 그러나 운동이나 예술로 성공하는 사람들을 보면 엄청난 역경과 고난을 이겨낸 사람들이다. 그 과정이 상상을 초월한다.

거기에 비해서 공부는 다양한 직업과 나아갈 수 있는 세계가 무한대에 가깝다. 내가 어떤 꿈을 어떻게 꾸느냐에 따라 공부의 방향만 달라진다. 세상의 곳곳에 공부라는 재료들로 만들어 낼 수 있는 다양한 직업들이 널려 있다. 내가 공부를 가져다가 어떻게 다듬고 조리하느냐에 따라서 아주 다른 종류의 요리가 되기도 한다. 세상에 하나뿐인 근사한 다른 요리가 탄생할 수 있다. 한마디로 성공할 수 있는 길이 가장 많은 것이 공부다.

고2인 친구 딸이 "공부를 왜 잘해야 하나요? 왜 좋은 대학에 가야 하나요?" 하고 심각하게 물어왔다. 특별한 이유가 있어야 공부를 할 텐데 그걸 못 찾았단다. 일단 좋은 대학에 가면 많은 것이 보장된다. 좋은 대학은 마음껏 공부할 수 있는 좋은 시설과 환경으로 학생들을 지원한다. 다양한 방법으로 성공에 대한 지원을 아끼지 않는다. 책에서만 보아왔던 훌륭한 석학들의 강의를 직접 들을 수도 있다. 함께 공부하는 멋진 선후배와 친구들을 만날 수 있다.

그런 훌륭한 곳에서 함께하다 보면 나의 가치가 올라감을 느낀다. 또한 날마다 멋진 사람을 만나고 보고 배우면서 나도 함께 성장해 간다. 사람은 환경에 많이 좌우되기 때문이다. 물론 대학이 나의 모든 것을 대변해 주지는 않는다. 하지만 스스로 '나는 좋은 대학에 다니는 가치 있는 사람'이라고 생각하게 된다. 나의 멋진 가치를 스스로 발견하는 것이다.

공부에 인생이 달려 있다

요즘은 가정형편이 어려운 사람들도 학업을 이어나갈 수 있도록 제도가 잘 마련되어 있다. 하려고만 하면 기회는 얼마든지 있다. 나는 학비가 없어 대학에 못 갔다. 그때는 돈이 없으면 방법이 없었다. 그래서 1년을 공장에 취업해서 착실히 돈을 모았다. 그 돈으로 등록금을 만들어서 대학에 들어갔다. 경제적으로 힘드셨던 부모님은 내가 돈을 벌어 집안 살림에 보태 주기를 원하셨지만 나는 내 꿈이 먼저였기 때문에 포기하지 않았다. 당장 생활비를 드리는 것보다 나중에 더 크게 성공하는 것이 부모님을 위하는 길이라고 생각했다.

가끔 부모님이 학교를 안 보내 주어서 못 갔다고 원망하는 사람들을 본다. 하지만 반드시 이루고 싶은 큰 꿈이 있었다면 부모님의 말대로 포기했을까? 꿈에 대한 열망이 강했다면 어떤 상황에서도 꿈을 찾아갔을 것이다. 부모님의 말을 그대로 따랐다는 것은 꿈이 분명하게 없었기 때문이다. 자신에 대한 믿음과 확신이 있다면 부모님을 설득하고 해내는 용기를 보였어야 한다. 찾아보면 방법은 얼마든지 있다. 내가 원하기만 하면 끝까지 해 볼 수 있는 기회가 있는 것이 공부다. 어린 시절 배우지 못한 한을 풀기 위해 늦은 나이에 학교에 다니는 어르신들도 많다. 이처럼 공부는 때가 있기는 하지만 포기하지 않으면 언제든지 해낼 수 있다.

나는 직장생활을 30년 넘게 해오면서 직업의 중요성을 많이 느꼈다. 약골이었던 나는 오랜 시간 간호사를 하며 누구보다 건강해졌다. 아픈 사람들을 통해 건강이 얼마나 중요한지 알게 되면서 열심히 관리했기 때문이다. 또한 사람을 좋아하고 타인을 보살피는 성격을 갖게 되었다. 이처럼 직업은 인생도 바꾸고 생각도 바꾸고 행동도 바꾼다. 이런 중요한 직업을 선택하는 기본 재료와 레시피가 공부다. 공부에 인생이 달려 있다고 생각해 보자. 공부할 이유가 충분하지 않은가.

특별한 사람이 되고 싶다면 특별히 노력하라

얼마 전 〈세상을 바꾸는 시간, 15분〉이라는 강연에 다녀왔다. 오래전부터 유튜브 채널로만 즐겨보다가 현장에서의 감동을 받고 싶어 참석했다. 이번 강연자는 자신을 '집착남'이라고 소개한 젊은 사업가였다. 그는 어릴 때부터 가난해서 컨테이너박스에서 살았다. 친구들이 집에 놀러오고 싶어 하면 핑계를 대며 피했고, 집에 갈 때도 일부러 먼 길로 돌아서 가곤 했단다. 여름이면 더위와, 겨울이면 추위와 싸우던 소년은 부자가 되는 것이 꿈이었다. 돈에 대한 결핍이 컸던 그는 대학생 때부터 창업을 해 결국 성공했다.

그는 자신의 성공 비결을 '집착'이라고 했다. 어릴 때부터 갖고 싶은 것은 반드시 가졌다는 것이다. 친구들과 리모컨 자동차 경기를 하고 싶어 식당에서 일하고 있는 엄마에게 전화를 걸어 무조건 당장 사달라고 졸랐다고 한다.

"엄마 일하고 있잖아. 저녁에 퇴근하고 사줄게."

"안 돼. 지금 사줘. 지금 친구들하고 경기해야 돼."

엄마는 전화를 끊었지만 아들은 포기하지 않고 엄마를 졸랐다. 그리고 묘안을 짜냈다. 세 들어 살던 집 주인아주머니에게 엄마가 전화를 걸어 바로 돈을 빌려 주게끔 한 것이다. 그렇게 자동차를 사고야 말았다고 했다.

고등학생 때는 무턱대고 오토바이를 사달라고 했다. 엄마는 없는 돈에도 사주었단다. "안 사주면 훔쳐서라도 타겠다."는 아들의 협박에 이기지 못하신 것이다. 오토바이를 훔쳐서 경찰에 잡혀가는 것보다는 낫다고 판단하신 것이다.

그러다가 대학에 다니면서 돈을 벌어야겠다고 결심하게 되었다. 대학생에게 주어지는 창업지원금으로 창업에 성공해 수십억 원까지 벌어 보았다. 그러나 경험이 없었던 그는 한번에 다 날리고 빚더미에 앉게 되었다. 하지만 그는 절대 포기하지 않았다. 야구장 응원

모자부터 닥치는 대로 재기의 기회를 만들었고, 결국 지금은 우리나라 최고의 LED 전등을 만드는 회사의 사장님이 되었다. 강남의 랜드마크인 롯데타워와 고속도로 화장실에도 독점 공급하고 있다는 이야기에 박수갈채를 받았다.

상처 없는 사람은 없다. 누구든 상처를 가지고 있지만 어떻게 딛고 일어섰느냐가 쟁점이다. 성공자들은 처음부터 큰 꿈을 가진다. 남들이 비아냥거리든지 말든지 꿈을 크게 가지고 시작한다. 그리고 꿈을 향해 질주한다. 자잘한 실패와 좌절은 그들을 더 단단하게 만들어 주었고 성장시켜 주었다. 그 실패를 밑거름으로, 분석하고 재도전해서 결국 성공할 때까지 포기하지 않았다. 그러니 꿈은 처음부터 크게 가지라고 하고 싶다. 그래야 작은 실패에 좌절하지 않는다. 그래야 오랫동안 해야 하는 공부가 힘들지 않다. 꿈이 크고 특별하다면 성적은 더 중요하다. 특별한 사람이 되기 위해 특별하게 노력할 것이기 때문이다. 꿈을 크게 가질수록 성적도 꿈도 오르게 된다.

절박한 꿈은
공부의 원동력이다

인생에서 가장 긴 시간 동안 나를 믿어 주는 사람은
다름 아닌 자기 자신이다.
- 투에고, 《익숙해질 때》 중에서 -

목표가 있다면 못할 것이 없다

사람은 다급하거나 절박할 때는 자신도 모르는 힘과 용기가 샘솟는다. 고층에서 떨어지는 아기를 무사히 받아냈다는 엄마의 사연도 심심치 않게 본다. 누구도 예측하지 못한 힘은 절박함 속에 피어난다.

자수성가한 인물들을 보면 어릴 때 심한 결핍을 겪은 경우가 많다. 우리나라의 대표적인 자수성가 인물로는 고(故) 정주영 회장을 꼽을 수 있다. 부모님이 사업자금을 마련해 주지 않자 외양간에 묶어둔 소를 끌고 도망친 일화는 두고두고 회자된다. 그는 반드시 성공해서 갚겠다고 한 약속을 지키기 위해 소를 끌고 북한을 방문하기도 했다.

그가 막노동을 하며 쪽방에서 살 때의 일화다. 빈대들이 온몸을 타고 다니며 괴롭혀 잠을 잘 수가 없었다고 한다. 그래서 방바닥에서 잠을 자지 않고 상 위에서 잠을 잤다. 그러자 빈대는 상을 기어올라 물어뜯었다. 그는 이번에는 그릇에 물을 받아 상다리를 담그고 잠을 잤다. 물 덕분인지 빈대는 더 이상 상을 기어오르지 못했음에도 계속 물렸다. 이상해서 불을 켜고 살펴보니 빈대가 벽을 타고 천장으로 올라가 사람을 향해 몸을 날리고 있었다.

그 모습을 본 정주영 회장은 큰 깨달음을 얻었다고 한다. 빈대도 자기가 원하는 것을 얻기 위해 갖은 방법을 연구하고 행동하는데 사람이 못할 것이 뭐가 있겠냐는 생각을 하게 된 것이다. "안 되면 되게 하라.", "해 봤어?" 같은 그의 어록은 큰 배포와 '무대뽀' 정신이 그대로 드러나 있다.

꿈이 없으면 사는 의미가 없다

나의 책 쓰기 스승인 〈한국책쓰기1인창업코칭협회〉의 김태광 대표 코치 역시 자수성가한 전설적인 인물이다. 그는 22년간 200권 이상의 책을 썼다. 지금도 날마다 원고를 쓰고 한 달에 몇 권씩 책을 펴낸다. 내가 책을 써 보니 글을 쓰는 일이 왜 뼈를 깎는 고통이라고 표현하는지 알 것 같다. 그만큼 어렵고 힘들다. 하지만 그는 젊고 배고픈 시절 일용직 노동을 마친 고단한 몸으로도 쉬지 않고 원고를 썼다. 아버지가 남기신 빚을 갚고 성공하겠다는 지독한 일념으로 책을 써서 작가가 되겠다는 꿈을 포기하지 않았다. 22년간 책을 쓰며 지금은 책 쓰기를 가르치는 최고의 거인이 되었을 뿐만 아니라 100억 원대 자산가가 되었다. 또한 자기주도학습이 성공의 기본이라는 자신의 경험을 바탕으로 〈김도사수학〉이라는 최초의 자기주도학습 학원을 운영하고 있다. 아직 40대 초반인 그의 앞날이 어떻게 펼쳐질지 흥미진진하다.

그의 집념은 나에게 큰 가르침을 주었다. 그를 보며 나도 용기를 낼 수 있었다. 책을 쓰면서 새로운 꿈을 찾게 되었다. 나는 많은 사람들에게 희망과 꿈을 가지게 하고 실패와 우울에서 벗어나 새로운 출발을 하게 해 주는 동기부여가로 살아가고 싶다. 내가 이런 꿈을 가지게 된 것은 내가 공황장애, 우울증이라는 긴 터널을 지나왔기 때문이다. 꿈이 없다는 것은 살아갈 의미가 없다는 것과 같다. 하루하루 살아가는 것이 아니라 죽어가는 것과 마찬가지다. 나는 그런 지옥에서 다시 꿈을 가졌고, 살아났다. 살아야 할 이유가 생긴 것이다.

대부분 중년의 나이가 되면 인생을 다 살았다고 한다. 이제 해야 할 일은 다했고 손자들 재롱이나 보면서 시간을 보낸다. 공원에 앉아 어영부영 시간을 때우기만 한다. 하지만 그럴 때야말로 자신의 인생을 찾기에 최적의 시기다. 자신에게만 집중할 수 있기 때문이다. 인생을 살면서 쌓아온 경험과 지혜로 꿈을 이루며 행복하게 살 수 있다.

꿈과 목표는 인생의 선물과 같다

어느 동기부여가는 교통사고를 당하고 나서야 인생이 얼마나 소중한지 깨닫게 되었다고 한다. 그는 그 이후 자신의 경험과 지식으로 많은 사람들을 다시 일어서게 해 주고 있다. 그는 절망하거나 실패한 사람들뿐만 아니라 성공하고 싶고 꿈을 찾고 싶은 사람들이 꿈을 찾을 수 있도록 도와준다. 나는 '동기부여가'라는 직업이 있는지 그때 처음 알았다. 심장이 방망이질 쳤다.

'그래, 이거야! 내가 하고 싶고 걸어야 될 길은 동기부여가구나!'

나는 기쁨에 겨워 눈물이 핑 돌았다. 그리고 내가 가야 할 길을 분명히 알게 되었다. 절망과 허무와 무기력은 이제 나에게는 옛말이 되었다.

나는 날마다 책을 쓰고 좋은 책을 읽고 전설적인 인물들을 만나기 위해 강연장을 찾는다. 사람들을 만나기 위해 인스타그램과 유튜브도 하고 블로그와 카페까지 하고 있다. 내 책과 SNS를 보고 기자가 취재를 요청해 왔다. KBS 〈아침마당〉에서도 중년에 책을 쓰고 행복을 찾는 '소확행'의 주인공으로 나를 초청했다. 〈아침마당〉 PD는 방송 후 자신도 꼭 책을 쓰고 싶다며 조심스레 나에게 꿈을 이야기했다. 나는 얼마든지 쓸 수 있다고 용기를 주며 내가 겪었던 일들을 이야기해 주었다. 시청자에게서도 방송을 본 뒤 책을 사서 읽고 너무도 큰 용기를 얻었다며 꼭 만나고 싶다는 연락이 왔다. 다른 방송국에서도 갱년기 극복에 대한 취재를 하겠다며 연락이 오고 있다.

내가 절망 속에서 하루하루를 무의미하게 살아갈 때 나를 세상 밖으로 끌어내 준 동기부여가를 만나지 못했더라면 어떻게 되었을까? 생각만 해도 끔찍하다. 우울증 약과 수면제에 취해 매일 괴로움 속에서 몸부림치고 있었을 것이다. 그런 생각을 하면 지금 이 순간이 곧 선물이다. 나도 누군가에게 선물을 주는 멋진 동기부여가가 될 것이다.

꿈을 찾으면 삶이 달라진다

아무리 반짝거리는 보석이라도 흙 속에 묻혀 있다면 아무도 그 가치를 알 수 없다. 자신의 가치도 모른 채 한 번뿐인 인생을 의미 없이 살아가는 사람들이 많다. 나는 그런 사람들을 어떻게 해서든지 꼭 도와주고 싶다. 더 많은 사람들이 자신의 특별한 가치와 재능을 발견할 수 있게 도와주고 싶다는 꿈이 생겼다. 나는 30년이 넘게 몸이 아픈 사람들을 돌보는 간호사라는 직업으로 살았다. 남은 인생은 정신을 돌봐 주는 사람으로 살아가고 싶다.

내 몸이 아프기 전까지는 의사의 처방대로 약을 주고 주사만 놓는 것이 간호사의 일이라 생각했다. 그러나 나도 아파 보고 또 아이들을 낳아 기르며 여러 어려운 일을 겪어 보니 아픈 사람들을 이해하게 되었다. 환자가 아닌 도움이 필요한 사람으로 보였다. 그 때부터 나는 환자들의 손을 잡고 어깨를 두드리며 따뜻한 말 한마디를 나눴다. 눈을 맞추고 한 번이라도 더 웃어 주려고 최선을 다했다. 환자의 가족들과도 아픔과 슬픔을 나눴으며, 건강을 회복하면 함께 기뻐했다.

힘들고 아픈 시간도 있었지만, 오히려 그 시간들이 나를 성숙하게 했다. 그러한 경험이 없었다면 나는 지금도 퇴직을 기다리며 연금 받을 날만 계산하는 중년으로 살고 있었을 것이다. 그러니 지금 힘들다고 너무 아파하지 말자. 시련은 당신을 강하게 만들어 준다. 시련의 깊이만큼 당신은 강해지고 고통의 크기만큼 이겨낼 힘이 생긴다. 천둥과 번개가 걷힌 아침은 너무도 맑고 빛난다. 찬란한 아침을 맞이하고 싶다면 절박한 당신만의 꿈을 꼭 찾기 바란다.

눈부신 드림리스트를
만들어라

누구나 무엇이든 될 수 있어.
- 영화 〈주토피아〉 중에서 -

부모가 아이의 꿈을 재단해서는 안 된다

어린아이들에게 꿈이 뭐냐고 물어보면 "과학자요.", "소방관이요.", "의사요." 등등 금방 대답이 돌아온다. 그러나 중·고등학생 정도가 되면 꿈을 물어보는 것조차 조심스럽다. 자랄수록 어릴 때 가졌던 꿈은 점점 빛을 잃어간다. 초롱초롱하던 눈빛은 온데간데없다. 적성이나 꿈과 무관하게 점수에 맞춰서 대학을 간다. 왜 공부해야 하는지, 왜 좋은 대학에 가고, 왜 성공해야 하는지를 몰라 헤맨다. 대부분 자신의 꿈이 무엇인지 잃어버린 상태에서 부모가 정해준 대로 살아간다.

옛말에 "말을 물가로 끌고 갈 수는 있으나 강제로 먹일 수는 없다."고 했다. 학원을 보내고 과외를 시킬 수는 있다. 그러나 왜 공부를 해야 하는지에 대한 동기가 확실하지 않으면 아무 소용이 없다. 아이는 마음 따로 몸 따로 살아간다. 학교와 학원에서 시간만 때운다. 부모는 너의 인생을 위해 열심히 공부하라고 하지만 막상 아이는 왜 공부해야 하는지 모른다. 무작정 시키는 공부는 위험하다.

우리나라는 교육열이 세계 최고다. 조기교육 열풍으로 영재학교나 선행학습으로 난리다. 초등학생들이 고등학교 교재를 배운다. 방학이면 엄마는 아이들과 함께 외국어 연수를 떠난다. 아이들이 원해서 하는 것이 아니다. 아이는 엄마가 가라면 가고 오라면 오는 로봇이 되어 버린다. 생각할 겨를이 없다.

나는 모르는 길을 운전할 때 내비게이션을 따라간다. 가라는 대로만 가면 되니 참 편리하다. 그런데 내비게이션에만 의지하다 보니 한번 갔던 길도 다음에 찾아가지 못한다. 또 목적지에 도착했다는 안내 멘트를 듣고도 막상 정확한 건물을 찾지 못해 주위를 빙글빙글 돈다. 주차장 입구를 몰라 헤매기도 한다. 내가 미리 찾고 조사해서 간 것이 아니라 가라는 대로만 갔기 때문이다. 내비게이션이 안 될까 봐 불안할 때도 있다. 편리한 만큼 의지하게 된다는 단점이 있다.

한번은 내가 길을 아주 잘 아는 곳에 갈 때도 내비게이션을 켜보았다. 그런데 빠른 길이 아니라 신호등이 없거나 좁고 이상한 길을 안내하는 것이 아닌가. 실시간 교통정보를 반영한다고 하는데 이상했다. 내비게이션을 맹신해서는 안 된다는 것을 깨달았다.

그리고 같은 곳에 가더라도 사람마다 좋아하는 길이 있다. 골목길을 좋아하는 사람, 단거리를 원하는 사람, 돌아가더라도 차가 없는 길을 좋아하는 사람 등 저마다 다르다. 무조건 빨리 가고 편한 것만이 좋은 것은 아니다. 때로는 공기 좋고 풍경 좋은 곳으로 드라이브를 하고 싶기도 하다. 꼬불꼬불한 산길을 운전하며 스릴을 느껴 보고 싶을 때도 있다. 운전의 목적이나 가는 길이 다르듯이 사람마다 살아가는 방식과 느끼는 행복도 다르다.

절실함이 성공으로 이끈다

세상에서 가장 좋은 동기부여는 직접 작성한 드림리스트다. 자신이 정말로 하고 싶은 것이 무엇인지 알아야 한다. 드림리스트를 만들고 그것을 하나하나 이루기 위해 노력하다 보면 어느새 공부해야 할 이유와 목표가 저절로 생긴다. 반면 부모가 내비게이션처럼 미리 알려 주고 지시한다면 아이는 생각할 힘을 잃고 기계처럼 움직이게 된다.

나의 언니와 동생은 이집트에서 오래 살았다. 그래서 나도 이집트를 가본 적이 있다. 과거 이집트는 풍요가 넘쳐흘렀다. 수많은 신전과 피라미드 등 수천 년 전의 유물들이 지금까지도 잘 보존되어 있다. 엄청난 유물들을 보며 받은 감동을 평생 잊지 못할 것이다. 사진으로만 보던 스핑크스가 눈앞에 있었다. 엄청난 대리석 기둥으로 지어진 신전들은 보는 이들을 압도했다.

그러나 현재의 이집트는 우리나라의 1970년대 초반 모습이다. 도시를 조금만 벗어나면 비포장 도로였고, 신호등도 없어서 길을 건너기가 위험했다. 젊은 남자들은 일거리가 없어 골목 어귀에서 삼삼오오 놀고 있었다. 유물과 유적이 많은 만큼 관광수입에 의존해 살고 있다고 한다. 물론 고즈넉하고 한적한 시골의 풍경은 평화롭고 아름다웠다. 그러나 나는 오히려 수천 년 전보다 지금이 더 후퇴했다는 느낌을 받았다. 그곳 사람들은 조상들이 이뤄놓은 풍요로운 유산에만 의지한 채 살아가고 있었다.

대부분의 사람들은 환경이 풍요로우면 노력하지 않는다. 절실하지 않기 때문이다. 풍요롭고 부유했던 이집트가 그렇게 된 데는 환경이 너무 좋았기 때문일 것이라는 생각이 든다. 물론 영원히 풍요와 번영을 누린 나라는 없다. 막강했던 로마도 폐허가 되었듯이 많은 전쟁과 타락한 정치가가 나라의 흥망을 가르기도 한다. 그런 것들을 보며 내가 느낀 것은 현재가 풍요하다는 것이 결코 행운만은 아닐 수도 있다는 것이다. 별 노력 없이 공짜로 얻어지는 것이 결코 좋은 것만은 아니라는 것이다. 늘 곳간이 든든하니 나태하고 게을러진다.

드림리스트는 열정을 샘솟게 한다

우리가 심심치 않게 보는 재벌 2세들의 갑질도 같은 이유가 아닐까? 태어날 때부터 물고 나온 금수저를 부러워할 일만은 아니다. 엄청난 불로소득이 어쩌면 그들에게는 올가미나 멍에가 아닌가 하는 생각이 든다. 이미 가진 것들을 갖기 위해 노력하는 사람은 없다. 금수저들은 이미 모든 것을 가졌다. 과연 무엇을 위해서 노력을 하고 자기계발을 할까? 더 이상 노력할 필요가 없는데도 성공을 꿈꾸며 고생을 참아낼 이유가 있을까? 그들은 기득권자이기도 하지만 어쩌면 노력할 기회를 잃어버린 사람들이라고 할 수도 있다.

배가 가득 차 있을 때는 아무리 맛있는 것이라 해도 먹기 싫다. 눈물 젖은 빵을 먹어 보지 않은 자 인생을 논하지 말라고 한다. 인생에서 결핍은 살아갈 이유나 꿈이 된다. 다행히 우리는 대부분 많은 결핍을 가지고 있다. 결핍이 없는 사람은 없다. 경제적인 것들이 크기도 하지만 관계나 인정의 결핍도 상당히 크다. 하지만 결핍을 치유하려고 노력하는 과정에서 눈부신 꿈을 만나기도 한다.

드림리스트를 보고 있으면 생각만 해도 에너지가 생기고 열정이 들끓는다. 그 드림리스트를 하나씩 이루어 갈 때마다 나도 몰랐던 에너지가 만들어지기도 한다. 결핍을 결핍으로 그냥 두지 말자. 눈부신 드림리스트를 만드는 촉매제로 써 본다면 어떨까? 눈부신 앞날이 두 팔 벌리고 기다리고 있을 것이다.

열정적으로 공부하는 힘은
명확한 목표에서 나온다

아무리 장기적인 목표라도 실행의 단위로 보면
우리는 하루를 성공적으로 보내야 한다.
- 유근용, 《1일 1행의 기적》 중에서 -

정신력은 기초체력에서 나온다

운동선수들은 기초체력 훈련을 한다. 어떤 종목이든지 힘과 끈기, 승부욕을 기르기 위해 반드시 거쳐야 한다. 또한 마인드 컨트롤을 위해 요가를 하거나 심리 상담을 받기도 한다. 경기에 필요한 최상의 상태를 유지하기 위해 체력과 정신력을 모두 다지는 것이다.

아들은 초등학생 때 태권도와 검도를 했다. 처음에는 아들이 원해서 태권도 학원에 보냈다. 우렁차게 기합을 넣고 앞차기하는 것을 보노라면 뿌듯했다. 교복이나 유니폼을 입으면 자세부터 달라지는 것처럼 아들도 도복을 입으면 씩씩해졌다. 구르고 뛰며 한참 자라는 아이들의 세포를 마구 자극해 주니 땀을 뻘뻘 흘리면서도 신나했다. 승단시험은 아이에게 도전의 재미를 알게 해 주었다. 아이들은 적절한 자극과 보상이 있으면 더 열심히 한다. 아이에게 반드시 몸을 쓰는 운동을 시켜보기를 권한다. 건강하고 활기찬 어린 시절을 보내면 건강한 정신이 만들어진다.

내가 다녔던 초·중학교에는 씨름부와 사이클부가 유명했다. 선수들은 날이면 날마다 연습을 했다. 사이클 선수들은 자전거에 타이어를 매달고 달렸다. 씨름 선수들은 허리에 무거운 모래주머니를 달고 연습했다. 맨발에 웃통을 벗은 채로 운동장을 달리던 모습이 생각난다. 평상시 강도 높은 연습을 하면 막상 경기에 나갔을 때 더 쉽게 느껴진다. 상대가 아무리 강하거나 힘이 세도 기초체력이 강하면 이겨낼 수 있다.

올림픽 경기는 예선부터 치열하다고 한다. 수많은 예선에서 만만치 않은 상대들을 차례로 꺾어야 한다. 국가대표가 되었다는 것만으로도 이미 굉장한 대우를 받는다. 더구나 우리나라가 금메달 밭인 종목에서 국가대표에 선발되었다는 것은 곧 금메달을 예약한 것이나 다름없다. 때문에 연습에서 200% 이상을 하도록 시킨다. 그렇지 않으면 본선에 진출하기도 전에 쓰러지고 만다. 일단은 체력이 받쳐줘야 싸울 힘도 정신도 나온다.

나는 어릴 때부터 유난히 약골이었다. 집안 형편이 어려워 먹는 것부터 부실했다. 나는 먹을 것을 두고 형제들 사이에서 아웅다웅

하는 것이 싫었다. 그래서 먹거리에 대한 애착을 버렸다. 먹는 것이 본능인데 누가 더 안 먹고 싶겠냐마는, 표시를 내면 더 비참하다는 생각이 들었다. 그래서인지 유난히 잔병치레를 많이 했다. 특히 빈혈이 심해 빨리 지치고 늘 피곤해했다. 지구력이 없으니 남들은 일주일 시험도 너끈히 견뎌내는데 나는 3일 만에 녹다운이 되었다. 체력이 되어야 하고 싶은 의욕도 생기고 갖고 싶은 욕망도 생긴다. 아픈 몸은 의욕도 없어지게 만든다. 만사가 귀찮다. 늘어지게 잠만 자고 싶고 활동적이지 않게 된다.

건강해야 의욕도 생긴다

고향 친구 중에 유난히 에너지가 강한 친구가 있다. 어릴 때 쉬는 시간이면 잽싸게 친구들과 팀을 꾸려 고무줄놀이 등 여러 신체놀이를 즐겼다. 그 친구의 활달함은 목소리에도 녹아 있다. 목소리도 장난 아니게 크고 활기차다. 무엇이든 맛있어 하고 어떤 곳이든 먼저 찾아가고 가만히 있지 않는다. 조금 연락이 뜸하다 싶으면 항상 먼저 연락하고 빨리 만나자고 한다. 적극적인 친구 덕에 우리는 따라가기만 하면 된다. 밝은 기운이 넘치는 친구가 부럽다.

그런데 몇 해 전부터는 이 친구도 여기저기 아프다는 말을 자주 했다. 얼마 전에 만난 친구는 목소리도 예전 같지 않았다. 활달하던 성격이 소심해졌고 자신감도 잃었다. 의욕이 없어지고 우울하다고 했다. 누구나 노화나 질병은 막을 수가 없다. 그러나 늦출 수만 있다면 최대로 늦추고 덜 아플 수 있도록 관리해야 한다. 또 신호가 올 때는 방치하지 말고 조기 치료하는 것이 중요하다. 대부분 몸이 아프고 나서야 건강을 돌아본다. 몸이 아프면 마음도 아프다. 스트레스나 몸을 상하게 할 만한 이유가 있었는지 살펴보아야 한다. 나를 챙기는 일에 더욱 신경을 써야 한다. 몸이 건강해야 의욕이 생기는 법이다.

긍정적인 승리욕이야말로 성공을 위한 촉매제다

우리 아들은 밝은 성격을 가졌다. 인사성도 바르고 먼저 다가가는 성격이다. 활달해서 운동도 좋아한다. 어려서도 친구들과 밖에서 땀 흘리며 뛰어노는 것을 굉장히 좋아했다. 놀고 싶은 마음에 밥을 먹는 둥 마는 둥 할 때가 많았다. 밥을 다 먹어야 보내 준다고 하면 게 눈 감추듯 먹어 치웠다. 밥을 다 먹자마자 뛰쳐나가는 아들에게 몇 시까지 꼭 들어오라고 하지 않으면 하루 종일 머리가 땀으로 흥건히 젖고 얼굴이 벌게질 때까지 놀았다.

아들은 승리욕이 강해서 놀이터에서 놀 때면 멀리서도 아들의 목소리만 들렸다. 친구들과 싸울 때도 지고는 못살았다. 명절에 친척들과 윷놀이를 할 때도 지면 울고불고 하면서 억울하다고 씩씩거렸다. 어떤 것이든 간에 승리욕이 있다는 것은 명확한 목표를 가진 것과 같다. 져도 그만, 이겨도 그만이라는 마음가짐으로는 죽기 살기로 덤비는 사람에게 질 수밖에 없다.

아들은 빨리 키가 크고 싶다며 자기 방 벽에 한 달마다 키를 표시했다. 그러던 어느 날 드디어 누나의 키를 추월했다며 엄청 기뻐했다. 그러더니 어느새 "이제 엄마 정수리가 훤히 보이네." 하며 내 어깨에 팔을 걸치고 내려다볼 만큼 훌쩍 컸다. 훤칠하게 자란 아들을 보자면 대견하기 짝이 없다.

이렇게 아들은 승부근성이 강하다. 그러니 동기만 확실히 부여해 준다면 추진력을 받을 성격이다. 인내심과 시련을 이겨내는 힘, 포기하지 않는 끈기만 더해진다면 금상첨화다. 무슨 일이든 해낼 수 있을 거라고 확신한다. 지금은 대학 마지막 학년을 남겨 놓고 꿈에 부풀어 있다. 항공정비사 시험을 앞두고 공부에 매진 중이다. 주말에 집에 올 때면 좋은 곳에 취직된 선배들의 소식을 풀어 놓는다. 곧 자신의 일이 된다는 생각에 더 신나서 이야기한다.

나는 아들이 더 많은 자극을 받기를 원한다. 그래야 긍정적 동기부여가 되어 명확하고도 확실한 꿈이 생긴다. 아들이 꿈을 향해 맹렬히 도전하고 돌진하는 모습을 지켜보는 엄마의 가슴도 뿌듯하다. 늘 꿈을 꾸며 자신의 꿈에 점점 가까워지는 아들이 자랑스럽다. 아들의 미래가 한없이 넓고 높게 펼쳐져 있다는 것을 믿어 의심치 않는다.

3장

나에게 맞는
공부법을 찾는
7가지 기술

공부의 절대량을
채워라

공부는 누구도 대신해 줄 수 없다

아이가 태어나기 전 부모들은 오직 건강하기만을 바란다. 요즘은 기술이 발달해 미리 산전검사를 통해 배 속 아이의 건강을 확인할 수 있으며, 초음파로 아이의 얼굴도 볼 수 있다. 그래도 출산의 순간 엄마들은 아이의 건강 상태부터 확인한다. 나 역시 임신기간 동안 아이의 건강만을 바랐으며 출산 직후 정상이라는 소리를 듣고 감사가 절로 나왔다.

그러나 한 달, 두 달이 지나자 욕심이 생겼다. 아이가 정상적으로 발달하고 있는지 조바심이 났다. 또래들과 자꾸 비교가 되었다. 왜 우리 애는 뒤집기를 안 하는 거지? 왜 기는 속도가 느리지? 머리는 왜 안 자라지? 작은 것 하나까지 엄마들 사이에서는 오묘한 신경전이 생긴다. 거기다가 만나면 꼭 비교를 한다. "우리 애는 10개월인데 벌써 걸어요.", "우리 애는 치아가 다 나서 음식을 씹어 먹어요." 등 조급한 엄마 마음을 더 조급하게 한다.

그러나 사람마다 자질과 능력, 발달 속도가 다르고 천차만별이다. 이것에 대한 기준만 제대로 가지고 있으면 된다. 아이가 정상적인 발달을 하는지만 눈여겨보면 조급해할 일도 속상해할 일도 없다. 그런데 그러한 사실을 잘 알면서도 어렵다. 늦는 아이를 닦달하는 부모의 조급함이 아이를 더 주눅 들게 한다. 믿고 기다려 줘야 한다.

엄마의 교육열과 행동에 따라 발달의 차이가 조금은 다를 수 있다. 그러나 공부는 단시간에 성과를 내기 어렵다. 공부에는 절대 시간과 절대량이라는 것이 있다. 누구도 대신해 줄 수 없고 스스로 채워가야 한다. 아이에게 젖을 물리면 엄마의 영양분이 고스란히 아이에게 간다. 아이의 건강과 양육에 엄마의 젖은 절대적인 영향을 미친다. 그러나 서서히 이유식을 하고 스스로 음식을 먹게 된다. 공부도 똑같다. 엄마가 가르치던 것에서 서서히 벗어나 스스로 독립을 잘해야 한다. 반듯하게 홀로 섰을 때에야 비로소 공부로 성공할 수 있다. 좋은 대학을 나왔어도 좋은 사회인으로 반듯하게 서야 한다. 그래야 자신을 지키며 성공적으로 자립할 수 있다.

공부가 생활이 되어야 한다

첫아이를 임신했을 때 나는 초유의 중요성과 모유를 먹이면서 쌓이는 엄마와 아이의 교감에 대해 알게 되면서 나도 꼭 모유를 먹이겠다고 결심했다. 임신 중에도 틈만 나면 가슴 마사지를 하며 모유 수유 준비를 단단히 했다. 그리고 출산을 한 뒤 첫 수유를 시도했는데, 작은 입에 젖꼭지를 물리는 일조차 쉽지 않았다. 아이가 발버둥을 치며 울어 버리자 나도 덩달아 허둥거렸다. 출산으로 몸이 너무 아파 똑바로 앉기도 힘든 상태라 아이를 안고 젖을 물리는 일은 너무나 어려웠다. 설상가상으로 입맛이 떨어져 친정 엄마가 한 솥 가득 끓여 주신 미역국도 제대로 먹지 못했다. 더구나 아이를 돌보느라 내 끼니는 더욱 소홀하게 되었다.

며칠 기를 쓰고 초유를 먹이긴 했지만 갈수록 모유의 양이 줄었다. 아이는 배가 안 차는지 젖을 하루 종일 물고 있으려 했다. 그러자 내 젖꼭지에서 피가 나기 시작했다. 너무나 아팠지만 약을 먹을 수도 없고 연고를 바를 수도 없었다. 이쯤 되자 어쩔 수 없이 모유와 분유를 병행하기 시작했다. 아이에게 분유병을 물리자 꿀꺽꿀꺽 소리를 내며 들이켰다. 그리고 배가 부르자 아무리 젖을 물리려고 해도 고개를 돌려 버렸다. 보름 정도 지나자 자연스럽게 모유가 말랐다. 나의 모유 도전기는 이렇게 끝이 났다.

내 딴에는 철저히 준비한다고 했지만 여러 가지 상황이 가로막았다. 물론 분유라는 대체물이 있어 더 쉽게 포기했는지도 모른다.

젖꼭지가 어찌 되든 모유 수유만 할 수밖에 없는 상황이었다면 끝까지 모유를 먹였을 것이다. 그러나 나는 고통을 뛰어넘지 못했다.

둘째는 출산하고 한 달 만에 생이별을 하는 바람에 일주일 초유만 먹이고 단유를 했다. 그래서 나는 아이들을 모유로 키우지 못한 아쉬움이 많이 남아 있다. 분유로도 큰 탈 없이 잘 자라준 것도 고맙고 그나마 초유를 먹일 수 있었다는 것도 감사하다.

이렇게 살아가다 보면 생각했던 것과 전혀 다른 돌발적인 상황이 생기기도 한다. 그래서 인생은 힘들기도 하고 재미있기도 하다. 그런데 이 부분에서 반드시 알아야 될 것이 있다. 나는 모유를 먹이려고 하면서 정작 스스로는 입맛이 없다고 밥을 먹지 않았다. 엄마가 잘 먹어야 모유가 잘 만들어진다. 엄마가 음식을 잘 먹음으로써 아이가 언제든 모유를 먹을 수 있도록 준비해놨어야 하는 것이다. 그런데 나는 그러한 기본도 지키지 못했다. 그리고 버티지 못하고 분유라는 다른 대책을 세웠다. 모유를 먹이지 않을 핑계를 찾은 것이다.

이처럼 공부를 잘하고 싶다면 공부와 함께 생활하고 공부가 내 몸의 일부가 되어야 한다. 반드시 거쳐야 하는 절대량이란 게 있다. 눈에 보이지 않지만 아이들은 조금씩 성장하고 있다. 그러다가 사춘기가 되면 폭발적으로 성장을 겪는다. 공부도 마찬가지다.

기본이 튼튼해야 실력이 쌓인다

유명 셰프들은 요리를 빠르고 쉽게 만들어 낸다. 칼질도 빠르고 손놀림이 거침없다. 요리 프로그램에서 유명세를 탄 어느 요리사의 이야기가 많은 것을 이야기해 준다. 그는 집이 가난해서 아주 어려서부터 중국집에서 일했다. 그는 요리사가 되기 위해 배달, 청소, 설거지, 양파 까기 등 온갖 잡일을 견뎌냈다. 그렇게 몇 년을 일하다 겨우 주방 일을 배우기 시작했고 기본부터 철저히 노력한 덕에 지금은 국내 최고의 요리사가 되었다.

그가 운영하는 식당은 예약하기 어렵기로 유명하다. 어떤 사람은 예약을 위해 500번 이상 전화를 걸었다고도 한다. 예약이 너무 어렵다 보니 예약이 된 것만으로 자랑거리가 되기도 한다.

최고가 되려면 반드시 거쳐야 하는 시간과 양이 있다. 수많은 시간과 경험들은 쌓이고 쌓여 실력이 된다. 모래 위에 쌓은 성은 견고하지 않다. 살면서 무슨 일이 생길지 아무도 모른다. 어떤 상황에서도 견뎌내는 단단한 실력이 되려면 반드시 채워야 하는 시간과 양이 있다. 공부의 절대량을 기억하자. 기본이 튼튼한 사람은 어떤 어려운 상황에서도 지혜를 발휘할 수 있다. 실력은 담금질하는 과정에서 생긴다. 그 과정에서 자신에게 맞는 공부법도 찾아낼 수 있다.

복습으로
완전히 내 것으로 만들어라

어차피 결국에는 자기 자신과의 싸움이다.
- 이평, 《우린 누군가의 봄이었으니까》 중에서 -

좋아하고 익숙한 것부터 시작하라

처음 찾아가는 길은 참 멀게 느껴진다. 반대로 자주 와본 길은 가깝게 생각된다. 시간도 마찬가지다. 낯설거나 창피하면 길게 느껴지고, 익숙하거나 편안하면 짧게 느껴진다. 같은 공간, 같은 시간도 이렇게 느낌에 따라 다르다.

출근 시간에 횡단보도를 건너다가 차에 치인 적이 있다. 신호가 끝나갈 무렵이라 뛰던 중이어서 가벼운 접촉이었음에도 내동댕이쳐졌다. 그런데 그 순간 아프기는커녕 창피하다는 생각만 들었다. 무릎에서 피가 나는 것도 모르고 벌떡 일어났다. 얼른 가방을 주워 들고 옷을 바로 추슬렀다. 놀라 뛰어나온 운전자에게 나는 괜찮다고 하며 전화번호만 받고 그 자리를 얼른 빠져 나왔다. 주위 사람들도 걱정하며 괜찮냐고 물었지만 나는 그 자리를 빨리 벗어나고 싶다는 생각밖에 없었다. 그 상황이 엄청나게 길게 느껴졌다.

출근하고 어느 정도 정신을 차리고 나자 엉망이 된 옷이 눈에 들어왔다. 통증도 밀려오기 시작했다. 다행히 큰 사고는 아니어서 금방 낫긴 했지만 지금 생각해도 소름이 돋는다. 그때의 경험에 미루어 창피할 때는 시간이 얼마나 천천히 가는지 알고 있다. 한 장면 한 장면이 아주 천천히 넘어간다.

지루하고 재미없는 시간들도 아주 천천히 지나간다. 재미있는 영화를 볼 때는 시간이 금방 지나간다. 그런데 지루한 영화는 곤욕이다. 나는 너무 지루한 영화를 보다가 뛰쳐나온 적도 있다. 온몸이 욱신욱신하고 가슴도 답답해서 도저히 영화가 끝날 때까지 앉아 있을 수가 없었다. 그때 공황장애 증상을 이해했다. 그 전에는 병원에서 폐소공포증이 있는 환자들이 MRI 검사를 견디지 못하는 것을 이해하지 못했다. 가만히 있으면 되는데 왜 못하냐며 비난 섞인 어조로 말할 때도 있었다. 그런데 내가 영화관에서 가슴이 답답해서 숨쉬기 어렵고 식은땀이 나오는 증상을 겪고 나니 환자들의 심정을 십분 알게 되었다.

나는 그 뒤로 영화관에 가는 것이 겁이 났다. 영화가 시작되고 문이 닫히는 소리가 나면 그때부터 가슴이 뛰고 답답해졌다. 그래서 몇 년 동안 영화관에 가지 않았다. 영화관에 가서 좋은 영화 한 편 보는 것이 소원이던 시절도 있었다. 그런데 영화관에 가는 것이 이렇게 두려워질 줄은 미처 몰랐다. 그래도 요즘 다시 영화관에 가기 시작했다. 우선 좋아하는 애니메이션부터 시작했다. 작년에 딸과 함께 〈코코〉라는 영화를 보았는데 답답함을 전혀 느낄 수 없었다. 처음 문이 닫히고 불이 꺼질 때는 두려웠으나 이윽고 재미있고 감동적인 내용에 울고 웃으며 영화에 몰입했다. 그래서 아직은 되도록이면 즐겁고 재미있는 것만 본다. 가족들과 영화를 보며 달콤한 팝콘을 먹을 수 있다는 것이 작지만 큰 행복이라는 것도 알았다.

체벌보다 칭찬으로 동기유발하라

수업 시간도 마찬가지다. 좋아하는 과목은 선생님도 좋다. 선생님을 좋아해서 그 과목을 열심히 하는 친구도 있다. 그 수업 시간은 금방 지나간다. 나에게는 영어나 국어, 음악 시간이 너무 빨리 지나갔다. 음악 시간은 일주일에 한두 번밖에 없어서 더욱 그랬다. 반면 수학 시간은 지루하고 길게 느껴졌으며 선생님과 눈도 마주치지 않으려고 했다. 혹여 질문이라도 하실까 봐 책상만 보고 있었다. 싫어하는 수학 시간은 왜 그렇게도 자주 오는지 모를 일이었다. 나는 시간표를 받으면 먼저 좋아하는 과목이 있는 날을 체크했다. 과목에 따라서 어떤 요일은 기다려지고 어떤 요일은 싫어지기까지 했다.

중학교 때 일이다. 하필이면 담임 선생님이 수학 담당이셨다. 선생님은 나를 많이 예뻐해 주셨는데 수학에 자신이 없던 나는 선생님을 뵙기가 민망해서 자꾸 피했다. 그러다가 쪽지 시험을 친 날이었다. 온 학급이 초토화되었다. 점수를 본 선생님은 기겁하셨다. 도저히 용납을 못하겠다고 하시면서 틀린 개수만큼 엉덩이를 때리셨다. 네댓 명이 일렬로 칠판 앞에 죽 서서 매를 맞았다. 40점이라는 어처구니없는 점수를 받은 나는 매를 맞을 생각을 하니 하늘이 노래졌다. 친구들이 매를 맞으며 비명을 지르는 모습을 보며 긴장하다가 내 차례가 되자 손에서 땀이 흥건히 나면서 숨이 가빠졌다. 헉헉거리며 숨을 몰아쉬는데 갑자기 머리가 핑 돌더니 그 자리에서 쓰러졌다.

눈을 떴더니 양호실이었다. 나중에 안 일이었지만 내 뒷번호부터는 매를 안 맞았다고 했다. 놀란 선생님이 나를 들쳐 업고 양호실로 뛰는 바람에 그날의 매타작이 겨우 막을 내린 것이다.

당시는 체벌이 용납되던 때였다. 선생님들은 자기만의 매를 수업 시간에 필수로 들고 다녔다. 가장 아팠던 매는 대나무 뿌리였다. 대나무의 마디가 그대로 살아 있어 울퉁불퉁했다. 그걸로 손바닥을 맞으면 시퍼렇게 멍이 들었다. 학급에 도난사건이 생겨도, 누가 떠들어도 단체로 매를 맞고 벌을 섰다. 왜 맞아야 제대로 교육한다고 생각했을까?

체벌은 빠른 행동 교정을 불러오지만 체벌을 피하기 위해 거짓말하게 하고 두려움에 떨게 한다. 가부장적이고 강한 부모나 선생님에게 가르침을 받은 아이들은 자기표현을 잘 못한다. 눈치를 보고 기가 죽어 있다. 싫은 것은 싫다고 말해야 하는데 폭력이 두려우니 입을 닫게 된다. 그러면 안으로 곪다가 썩는다. 물론 어느 정도는 제제가 있어야 나태해지지 않는다. 그래도 체벌보다는 칭찬으로 동기유발을 해 줘야 한다. 잘하는 것에 초점을 맞추고 칭찬해 주는 것이 훨씬 효과 있다.

재련하지 않으면 보석도 돌멩이에 불과하다

무엇이든 처음 시작이 어렵지 한번 하기 시작하면 두 번째, 세 번째부터는 길이 난다. 그래서 오래 연습하고 한 우물만 판 사람들은 눈감고도 척척 해낸다. 한석봉의 어머니가 불을 끄고도 떡을 정확하게 썰 수 있었던 것은 복습의 효과다. 어느 분야를 뛰어나게 잘하려면 자꾸 해 보는 것 외에는 방법이 없다. 실패와 성공을 반복하며 꾸준히 연습해야 한다. 그렇게 쌓인 노하우는 어느 누구도 흉내 낼 수 없는 나만의 것이 된다.

넘어질 것이 두려워서 걷지 않을 것인가? 안 되는 것은 교정하고 잘되는 것은 능숙하게 하기 위해서는 복습하고 복습해서 완전히 내 것으로 만들어야 한다. 그래야 반짝반짝 빛나는 나만의 보석을 가질 수 있다.

시험보다
공부에 집중하라

사람이 얼마나 행복한가는 그의 감사함의 깊이에 달려 있다.

- 존 밀러 -

성적만 좋아서는 성공할 수 없다

대학교 합격 발표 시즌이 되면 마을 입구나 학교 앞에 서울대 합격을 축하하는 플래카드를 볼 수 있다. 대한민국 최고의 학교이니만큼 본인뿐만 아니라 모두가 합격을 기뻐하는 것이다. 그러나 서울대생의 절반이 우울증을 앓고 있다는 충격적인 연구 결과가 나왔다. 누구나 인정하는 명문대지만 피해갈 수 없는 취업난에 스트레스를 받는 것이다.

나는 남들이 부러워할 직업을 가지지는 못했다. 간호사라고 하면 대부분 얼마나 힘드냐면서 애처로워한다. 하지만 나는 전문직인 이 직업이 정말 좋다. 그래서 우리 아이들도 나처럼 전문직을 가졌으면 했다. 전문직은 출신 학교가 그리 중요하지 않다. 서울대를 나오지 않아도 된다. 국가에서 인정한 전문직종의 시험만 통과하면 된다. 서울대를 나왔다고 호봉을 올려 주거나 진급을 빨리 시켜 주거나 하지 않는다.

오히려 학벌이 좋을수록 일 처리 능력은 부족하다는 이야기도 나온다. 조직 내에서는 서로 돕고 배려하며 조율해 나가야 하는데, 최고의 조건에서 공부만 해온 사람들은 아집이 강해 소통이 잘 안 되는 경향이 있다는 것이다.

내가 다닌 직장에도 수석 졸업자들이 몇 있었다. 신기한 것은 그들 대부분이 조직문화에 적응하지 못했다는 것이다. 타인을 배려하고 맞춰 주며 이해하려는 노력이 부족해 보였다. 언제나 물과 기름처럼 사람들과 겉돌았다. 직장은 팀으로 움직이고 상부상조해야 한다. 나 혼자 잘한다고 되는 문화가 아니다.

유난히 이해력이 빠른 사람이 있다. 리액션도 좋고 대답도 잘하며 눈빛도 총명하다. 그런데 시험을 치면 점수가 좋지 않다. 반대로 수업 시간에는 별로 대답도 없고 리액션도 없지만 시험을 치면 예상 외로 점수가 좋은 사람이 있다. 나는 전자에 속하는 편이다. 수업 시간에 선생님이 설명하시는 것을 잘 이해하며 대답도 잘했다. 토론이나 발표 수업 때도 능숙하게 이끌어 나가 선생님의 칭찬을 받았다. 그러나 시험만 치면 아리송하거나 헷갈렸다. 선생님도 내 성적표를 보고 당황하실 때가 많았다. "너는 질문을 해 보면 다 아는데 왜 시험은 못 보니? 이유가 뭐야?" 기대가 컸던 선생님은 실망했다는 투로 이야기하셨다. 그래서인지 나는 시험에 대해서 공포가 있었다. 우리나라는 성적으로만 모든 것을 평가하니 내가 무척 불리해 보였다.

성인이 되어 취업을 위해 면접을 보게 되었다. 면접은 나의 장점을 십분 발휘할 수 있는 자리다. 나는 면접관의 질문에 순발력 있고 재치 있는 대답을 하면서 좋은 인상을 남기며 취업에 성공할 수 있었다.

암기보다 이해가 우선이다

인생은 시험의 연속이다. 중간고사, 기말고사, 수능시험, 토익시험, 입사시험, 승진시험 등 끝도 없다. 그러나 시험에서 너무 1등만 하다 보면 오히려 부작용이 생긴다. 시험을 등수를 매기는 것이 아닌, 알고 있는 것을 체크해 보는 것이라고 생각하는 편이 좋겠다. 성적은 어느 정도 이상이면 된다.

공부가 아닌 시험에만 집착하다 보면 시험의 오류에 빠지게 된다. 나는 평소 알고 있던 것도 시험 문제로 접하면 약했다. 나는 공부할 때 핵심을 파악하고 다른 것과 응용해 이해하는 데 초점을 두었다. 달달 암기만 하지 않았다. 사실 시험은 암기를 잘하는 사람이 유리하다. 그래서 항상 시험 결과가 좋지는 않았지만 오랜 직장생활을 한 경험을 돌이켜볼 때 결코 후회되지 않는다.

내가 제일 힘들었던 공부는 아이러니하게도 간호학이었다. 한 강의실에 100명 정도 모아 놓은 완전한 주입식 교육이었다. 교수님은 쉴 새 없이 강의했다. 우리는 고개도 못 들고 강의 내용을 받아 적기 바빴다. 이해는커녕 진도를 따라가기도 벅찼다. 어려운 의학용어는 무슨 소리인지 아무리 암기하려고 해도 돌아서면 잊어버렸다. 그러자 공부에 대한 회의가 밀려오기도 했다. 그러니 당연히 시험 성적도 나빴다. 그래도 공부에는 어느 정도 자신 있던 나였는데 간호학에 흥미를 잃어 버렸다. 졸업할 때쯤의 성적은 어디 내놓기도 민망할 정도다.

하지만 직장생활을 돌이켜 보면 간호사는 나와 참 잘 맞는 직업이다. 나보다 적극적이고 재미있고 열정적으로 간호사 생활을 한 사람이 있을까 싶을 정도로 보람된 직장생활을 했다. 반면 그때 수석으로 졸업하고 좋은 직장에 취업한 친구들은 막상 직장생활을 견디지 못했다. "내가 이러려고 대학 다녔나? 난 1등인데 내가 이런 걸 왜 해?"라며 억울해했다. 대학에서 배운 이론과 실제 직장일이 생각과 많이 달랐기 때문이다. 시험은 하나의 정답만을 요구해 실무적인 이해나 응용과는 거리가 멀다. 그래서인지 1등 졸업자들은 융통성이 없다는 소리를 듣는 경우가 종종 있다. 우등생으로만 살아온 사람들은 직장생활이 잘 맞지 않을 수 있다.

시험 점수에 연연하지 마라

시험만을 위해서 공부하고 있다면 인생을 멀리 보고 생각을 바꿔야 한다. 시험 점수는 인생의 한 부분일 뿐이며, 인생에서 정해진 답은 없다. 진리를 배워 더 좋은 사람이 되고자 노력해야 발전할 수 있다. 제대로 배우려면 실패도 해 보고 다른 사람의 의견을 받아들이는 법을 배워야 한다. 그것이 진정한 공부다.

점수에 연연해 자만하거나 자책하지 말자. 1등이 되기 위해 친구를 적으로 만들지 말자. 이해하고 포용하며 응용하는 공부에 집중해야 한다. 핵심을 파악하고 내 것으로 만드는 공부가 중요하다. 눈앞의 점수에 일희일비하지 않는 사람이 큰사람이라는 것을 명심하자.

더 하지 말고
한 권에 집중하라

심장이 뛰는 것보다 행동을 더 빨리 하고
그것에 대해 생각하는 것 대신 무엇인가를 그냥 하라.
- 마윈 -

좋아하는 것에 과감하게 집중하라

나는 특별히 싫어하는 것도 좋아하는 것도 없다. 오랜 직장생활을 하다 보니 둥글둥글해진 것 같다. 윗사람 눈치 보랴, 아랫사람 신경 쓰랴 바쁘다. 언젠가는 나도 내가 좋아하는 것에 목숨을 걸게 되는 날이 찾아오기를 진심으로 바란다. 미치도록 좋아하는 일을 찾는 것이 인생 최고의 숙제일 수도 있다. 인생을 걸 만한 일을 찾아 그것을 하는 사람을 보노라면 참 부럽다. 최고의 축복을 받은 것 같다.

진정으로 자신을 위한 인생을 사는 사람은 생각보다 적다. 부모들은 자신이 못 이룬 꿈을 자식이 이루기를 바란다. 자식이 기대에 못 미치면 실망과 분노를 한다. 오죽하면 "그렇게 서울대가 좋으면 부모가 직접 공부해서 가라."고 말하는 사람들도 있다. 맞는 말이다. 본인이 이루지 못한 것을 자식에게 강요하는 것은 옳지 않다. 그런데도 왜 부모들은 기대를 버리지 못하는 것일까? 사회는 2등을 기억하지 않는다. 올림픽 같은 큰 경기에서 금메달을 딴 선수만 주목받는 것을 보면 알 수 있다.

이런 치열한 경쟁 상황에서 어떻게 해야 성공할 수 있을까? 잘하는 것과 좋아하는 것에 대한 과감한 집중이 필요하다. 모든 것을 잘하려고 하지 말고 과감하게 포기할 줄 알아야 한다. 매일 전 과목을 공부하다가는 건강만 해칠 뿐이다. 차라리 하나만 집중적으로 파는 것이 낫다.

나는 수학이 싫기도 했고 못하기도 했다. 숫자만 보아도 경기가 날 정도로 싫었다. 살아보니 덧셈, 뺄셈, 곱하기, 나누기만 하면 사는 데 아무 지장이 없다. 아니, 계산기가 있으니 못해도 아무 상관이 없다. 물론 기초 학력도 중요하지만, 살면서 써먹을 일이 없는 수학을 공부할 시간에 내가 좋아하는 영어를 공부했다면 어땠을까?

기초가 단단하면 흔들리지 않는다

요즘 시험 문제를 보면 깜짝 놀랄 때가 많다. 수준이 매우 높고 문제 지문 자체도 길어서 읽다가 시간이 지나갈 정도다. 문제가 말하는 핵심을 빠르고 정확히 이해해야 정답을 알 수 있다. 요즘 학생들이 존경스러우면서도 가엾다는 생각이 든다.

공부를 잘하려면 기본을 알아야 한다. 말 그대로 기본에 충실해야 한다. 세상에는 수백 가지가 넘는 교재가 널려 있다. 교재가 부족하고 공부법을 몰라서 공부를 못하는 것이 아니다. 그러니 이런저런 교습법이나 교재 투어를 하기보다는 기본에 충실해야 한다. 수능 만점자나 공부의 신들에게 공부 비법을 물으면 "학교 공부에 집중하고 교과서만 봤어요."라는 대답을 들을 수 있다. 물론 곧이곧대로만 말하지는 않을 것이다. 기본을 단단히 했다는 의미일 것이다. 기본을 알고 나면 응용하는 것은 시간문제다.

집을 지을 때도 기초공사에 가장 노력을 많이 들인다. 친정집을 새로 지을 때 아버지는 기초 콘크리트를 세우기 위해 땅을 다지며 말씀하셨다.

"지진이 와도 끄떡없어. 콘크리트를 튼튼히 해서 걱정 없어."

그 말이 꼭 집짓기에만 해당되는 것은 아니다. 인생을 살아가는 데도 꼭 필요한 말이다. 일본에서는 잦은 지진 때문에 처음부터 우리와는 다른 공법과 재료로 집을 짓는다. 우리나라도 잦은 지진 소식으로 이제는 내진 설계를 한다고 한다. 지반에 금이 가는 상황에서도 건물은 무너지지 않는다니 신기할 따름이다.

공부도 마찬가지다. 한 과목이라도 기본을 깊이 파서 튼튼하게 만들어 놓으면 자신감이 생긴다. 어려운 문제를 만나도 흔들리지 않는다. 점차 그 과목뿐만 아니라 공부 전체에 자신감을 가지게 된다.

전문가라고 모든 분야를 아는 것은 아니다. 하지만 어느 한 분야를 깊이 안다는 것만큼 자신감을 키우는 것은 없다. 큰 대학병원일수록 세세한 과목으로 나눠서 진료를 본다. 정형외과만 해도 무릎, 발, 대퇴, 손, 어깨, 팔꿈치 등 조목조목 나눈다. 손 하면 어느 대학병원 의사 누가 최고의 명의라고 소문이 난다. 그 분야만 깊고 세세하게 전공했기 때문에 더욱 유명해지는 것이다. 모든 과를 대충 하는 것보다도 훨씬 인정받는다. 사람들은 그 부분에서 어려운 문제가 생기면 그 의사에게 간다. 그러다 보니 점점 더 유명해지고 점점 더 실력이 늘어난다. 명의가 되는 것도 한 과목을 깊이 있게 집중했기 때문이다.

한 권을 완전히 독파해 보자

공부에서 수박 겉핥기가 아닌 깊이 있게 파기 위해서는 교과서를 이용하는 방법도 좋다. 영어 단어를 외우기 위해 영어사전을 씹어 먹는다는 소리를 듣고 따라 해본 적이 있다. 차마 종이를 삼키지는 못했다. 그러나 어느 한 과목을 완전하게 내 것으로 하는 방법으로는 좋은 예 같다. 처음부터 끝까지 달달 외워 본다든지 한 가지 참고서를 정해서 완전히 독파한다든지 하는 게 좋다. 작가들 중에는 필사를 하며 필력을 키우는 사람들이 있다. 읽고 감동하는 것을 넘어 직접 글로 써 보면 다르다고 한다. 그래서 직접 처음부터 끝까지 써보는 것이다. 누가 그 책에 대해 물어보면 훤히 설명할 수도 있다. 눈감고도 줄줄 외운다. 그 정도면 자연히 그 분야의 전문가가 되어 있을 것이다.

나는 우울증으로 고생할 때 심리 관련 책을 매우 많이 읽었다. 처음에는 제목에 이끌려 읽기 시작했다. 그 책에 감동받아 닥치는 대로 다른 책을 읽었다. 그렇게 30여 권을 읽다 보니 책에서 하는 말이 모두 같은 내용이라는 것을 발견했다. 내 세상의 중심은 나이니 내가 원하는 것을 하고 나를 사랑하라는 내용이었다.

다시 처음 읽었던 책을 꺼내 보았다. 그때와는 아주 다른 느낌을 받았다. 두 번을 더 읽었다. 그러자 마음에 환한 빛이 생기며 행복감이 밀려왔다. 더 이상 나 자신을 남에게 인정받지 않아도 된다는 자신감이 생겼다. 처음 읽었을 때 발견하지 못했던 주옥같은 글귀들은 노트에 옮겨 적었다. 또 새기고 싶은 말들은 형광펜으로 밑줄을 그으며 읽었다. 눈을 감고 외우고 읊었다. 책 귀퉁이 빈 공간에는 내 생각을 적기도 했다. 다 읽고 나서는 서평도 적어 보았다. 그렇게 다독을 하다 보니 나도 모르게 작가의 길에 들어서게 되었다. 한 권의 책이 내 인생을 변화시킨 것이다.

이처럼 기초를 다지는 것보다 중요한 것은 없다. 한 우물을 깊이 파는 것만큼 중요하고도 빠른 방법이 또 있을까? 나의 달란트를 찾아내는 일은 나를 더 깊이 성찰하는 일이다. 무지개를 찾아서 지구를 돌고 돌아 결국은 자기가 처음 출발했던 곳으로 돌아온다는 이야기를 알고 있는가? 무엇이든지 자꾸 더 하려고 하지 말고 하나에 집중하자. 지금 하고 있는 것에 집중하자. 그 하나를 완전히 이해할 수 있도록 독파해 보자. 그러면 갑자기 어디선가 나타나는 환한 빛을 만나게 될 것이다. 이제 그 빛만 따라가면 된다. 불안한 마음은 여기저기 기웃거리게 만든다. 자신을 믿고 책 한 권이 주는 완벽한 우물을 파고 지혜의 샘물을 길어 올려보기 바란다.

5

성적에 집착하지 말고
진로 공부를 하라

성공은 당신이 서 있는 위치가 아니라
당신이 바라보는 방향이다.
- 조지 버나드 쇼 -

긍정적 경쟁은 좋은 자극이 된다

"나의 가장 큰 적은 내 안에 있다."

내가 좋아하는 명언이다. 이 말처럼 모든 게으름과 두려움 같은 부정적인 의식들은 모두 내 안에서 자라고 소멸한다. 내면의 악한 것을 물리치고 자신과의 싸움에서 승리하는 것만큼이나 어렵고 힘든 일은 없다. 그러므로 자신을 이기는 사람들은 모두 성공한다.

친구끼리도 경쟁하는 모습을 흔히 볼 수 있다. 같은 반 친구를 경쟁상대로 생각한다. 물론 경쟁상대인 것은 맞다. 긍정적 경쟁은 서로에게 좋은 자극이 될 수 있다. 서로 좋은 점은 닮도록 노력하면 시너지 효과를 얻을 수 있다. 그러나 경쟁이 도를 지나치면 싸움이 된다. 서로 돕고 보완해야 할 친구끼리 싸우고 시기하며 질투한다. 아이들 싸움이 어른 싸움으로 번져 이웃끼리 서로 헐뜯고 상처 주는 경우를 종종 본다.

가까운 친구와 경쟁하다 보면 보는 눈이 작아져서 마음도 작아진다. 그래서 책을 읽고 꿈을 키우며 큰 세계를 상상하는 마음을 가져야 한다. 그런데 엄마의 비교대상은 늘 옆집이나 엄마의 친구들이다. 오죽하면 '엄친아'라는 말까지 생겨났을까? 나 빼고 사람들은 전부 엄친아 같은 세상이다. 그러나 내 옆의 그 누구도 나의 진정한 경쟁상대나 적수가 아니다. 오직 나만이 나의 경쟁상대라는 마음을 가진다면 큰 성공을 거머쥘 수 있다.

본받을 만한 좋은 상대가 옆에 있다면 좋은 점을 얼른 내 방식으로 받아들여야 한다. 모방은 최고의 창조다. 세상 모든 작품도 모방에서 태어났다. 하느님도 자신의 모습으로 인간을 창조했다고 하지 않는가? 나쁜 면을 보고 배우지 말고 늘 긍정적인 마음을 가져보자. 주위의 좋은 사람들과 책을 통해 내가 배워야 할 좋은 모습들과 선한 영향력을 언제든지 발견하고 배울 수 있다.

부모도 아이와 함께 성장한다

어느 날 출근을 하는데 낯선 전화번호로 전화가 왔다.

"○○이 어머니시죠?"

남자 목소리였다.

"네, 그런데요."

"제가 지금 ○○이를 데리고 있습니다."

"네? 뭐라고요?"

"제가 지금 ○○이를 데리고 있다고요."

"네? 지금 우리 ○○이는 막 학교에 갔는데 무슨 소리예요?"

"그럼 ○○이 목소리 들어보세요."

이내 전화기에서 여자아이의 울음 섞인 목소리가 들렸다.

"엄마, 나야."

그때 옆에 앉아 있던 남편이 내 전화기를 가로챘다.

"여보세요? 뭐라고요?"

남편은 몇 마디 듣더니 바로 전화기를 꺼버렸다. 보이스 피싱이
었다. 아이에게 바로 전화했더니 학교에 잘 도착해 있었다. 마음을
진정시키고 가만히 생각해 보니 전화를 건 사람의 말투가 심한 연
변 말투였다. 보이스 피싱에 대한 주의를 자주 들었는데도 막상 내
자식 얘기를 하니 아무것도 들리지 않았다. 그때 남편이 옆에 없었
으면 어땠을지 생각만 해도 아찔하다.

고속버스 터미널에서 아이를 잃어버린 적도 있다. 딸이 서너 살
정도밖에 안 되었을 때다. 나는 마실 것을 사려고 매점을 둘러보
고 있었다. 딸은 내 뒤에서 놀고 있었고, 남편은 화장실에 다녀오겠

다고 했다. 물건을 사서 뒤를 돌아보니 아이가 없었다. 그때부터 허둥거리기 시작했다. 이곳저곳을 찾아봤지만 아이는 보이지 않았다. 눈앞이 아득해졌다. 매점 주인에게 아이를 보지 못했냐고 물었지만 주인 역시 장사에만 신경 쓰느라 아이를 보지 못했다고 했다. 터미널 건물 밖으로도 뛰어나가 보았지만 아이는 아무 데도 없었다. 그때 누가 내 등을 쳤다. 돌아보니 남편이었다. 나는 울면서 남편에게 매달렸다.

"우리 애가 없어졌어. 어떡해."

"정신 차려! 애 여기 있잖아."

그제야 아빠 품에 안겨 있는 아이가 눈에 들어왔다.

남편이 화장실에서 볼일을 보는데 여자아이 우는 소리가 들리더라고 했다. 가만히 듣고 있는데 어떤 아주머니가 "엄마가 여기로 찾아올 거니까 울지 말고 기다려. 울지 마."라며 달래는 소리가 들리더란다. 이상해서 얼른 나와 보니 우리 딸이 눈물콧물 범벅이 되어 울고 있더라는 것이다. 추측해 보니 내 옆에서 놀던 아이가 무심결에 아빠가 화장실에 가는 것을 보고 따라갔던 것이다. 하지만 걸음이 빠른 어른을 따라 잡지 못하고 놓쳐버렸다. 아빠를 잃은 딸은 어쩔 줄 몰라 울고 있었는데 다행히 지나가던 분이 아이를 달래며 함께 있어 주어서 남편이 아이를 만날 수 있었다.

아이를 품에 안고 고속터미널 광장에 퍼질러 앉아 얼마나 울었는지 모른다. 그 기억 때문인지 그 뒤로 고속버스 터미널에 가기가 두려웠다. 상상하기 싫은 끔찍한 생각이 떠올라 몸서리가 쳐졌다.

부정적인 감정이 긍정적인 감정보다 3배 크다고 한다. 그때의 기억들은 아이를 키우며 오랫동안 불안에 떨게 했다. 그러나 아이는 누구보다 세상에 빠르게 적응하고 잘 자랐다. 엄마의 걱정이 기우라는 것을 증명하듯 쑥쑥 자라서 독립했다. 이런저런 에피소드가 있었기에 바르게 자란 아이들이 더 소중하고 감사하다. 좌충우돌 천방지축 엄마를 믿고 따라준 아이들이 나를 키웠다. 나는 아이들을 키우며 엄마로 성장했다. 어쩌다 보니 엄마가 되었지 자격 미달인 나를 세상의 모든 것이라 믿고 사랑해 준 아이들 덕분에 오늘의 내가 있다. 이제는 엄마 자격시험을 쳐도 충분히 합격하지 않을까 하는 생각을 한다.

친구는 격려하고 함께 꿈꾸는 사람이다

우리나라 엄마들의 열정을 치맛바람으로 비하하는 사람들도 많다. 하지만 나는 나쁘게만 해석하고 싶지는 않다. 누가 자식이 잘못되기를 바라겠는가? 방법만 다를 뿐이지 누구나 자식들에게 자신이 못 이룬 꿈을 이루게 하고 싶어 한다. 자신보다 행복하게 살기를 원한다. 자식을 향한 그 열정을 다르게 이끌 수 있도록 해야 한다. 옆집 아이나 같은 반 친구와 경쟁하지 않고 더 큰 꿈을 가지도록 엄마들이 도와주어야 한다. 점수나 등수에 일희일비하지 않고 자신에게 맞는 진로를 찾을 수 있도록 도와야 한다. 친구는 경쟁상대가 아니라 평생 함께할 동반자다. 진정한 친구를 찾을 때 인생은 풍요로워진다. 함께 꿈을 이야기하고 지지하고 응원하며 지켜봐 줄 수 있는 친구가 필요하다. 친구는 격려하고 함께 꿈꾸는 사람이다. 가까운 친구를 시기하고 질투하면 나 역시 큰 꿈을 가지기 어렵다. 성적에 집착하지 않고 진로를 찾아 공부한다면 인생의 진정한 친구도 함께하게 된다.

6

끈질긴 반복과 복습이
머리를 이긴다

인간은 오직 사고의 산물일 뿐이다.
스스로 생각하는 대로 되는 법이다.
- 마하트마 간디 -

힘들어도 포기하지 않으면 어느새 수월해진다

나는 운동이 젬병이다. 몸이 말을 안 듣는다. 운동신경이 부족하다는 소리를 많이 듣고 자랐다. 승부근성도 없다. 달리기 출발선 앞에 서면 가슴이 벌렁거린다. 뛰기도 전에 다리가 후들거린다. 어려서부터 운동은 나에게 맞지 않는다는 선입견이 컸다. 나는 약하니 쉬어야 하고 무리하면 안 된다는 생각이었다. 아프니까 더 운동하고 잘 먹어야 하는데 거꾸로 갔다.

그러다가 운동을 시작하게 된 계기는 재미삼아 가 본 등산 덕분이었다. 첫 등반에 내가 얼마나 지구력이 없고 운동 부족인지 새삼 느꼈다. 올라가는 길이 너무 힘들어 주위 풍경이고 뭐고 아무것도 눈에 들어오지 않았다. 일행들이 내 짐을 들어줬지만 다리가 후들거리고 숨이 차서 몇 번이고 주저앉았다. 하지만 정상에 올라 시원한 바람을 맞으며 경치를 감상하고 나니 힘들었던 기억이 싹 가셨다.

첫 등산 후 며칠 동안은 온몸에 파스를 붙이고 진통제를 먹으면서도 절뚝거리며 다녔다. 누가 보면 에베레스트라도 정복한 줄 알았을 것이다. 나는 그동안 환자들에게 운동 열심히 하라고 했던 기억을 떠올리며 부끄러워졌다. 나도 운동을 안 해서 이렇게 허약한데 환자들에게만 잔소리를 했던 것이다. 나는 이제부터라도 본격적으로 운동을 해야겠다고 다짐했다.

우선 다리근육과 지구력을 키워야 주말마다 등산을 할 수 있겠다는 생각이 들었다. 옷차림부터 바꾸기로 했다. 치마와 구두에서 바지와 워킹화로 바꾸고 가벼운 배낭을 멨다. 퇴근하면 직장에서 집까지 1시간 30분 거리를 걸어갔다. 운동을 시작한 처음 3주 동안은 별별 생각이 다 들었다. '인생 사는 것이 이리도 고달픈가?', '앞으로 80세까지 살아야 한다면 40년을 더 이렇게 살아야 하나?' 등등 걷기가 고통스러워 서글픔까지 밀려왔다. 차를 타면 10분 만에 도착하던 길을 1시간 30분이나 걸려 걸어가자니 죽을 맛이었다.

그러나 이걸 해내지 못하면 안 될 것 같다는 생각이 들었다. 철저히 나와의 약속을 지키기로 했다. 점점 걸리는 시간이 줄어들기 시작했다. 걷는 방법에도 요령이 붙었다. 매일 같은 길을 걷다 보니 단조로워 일부러 다른 길로 걸어가 보기도 했다. 그러던 어느 날, 콧노래가 흘러 나왔다. 깜짝 놀랐다. 내 안에서 무언가 변한 느낌이었다. 뿌듯했다. 이제 무엇이든 할 수 있을 것 같았다. 운동이란 것이 그렇게 힘든 것도, 죽을 맛도 아니라는 것을 온몸으로 체감했다.

건강해야 스스로를 책임질 수 있다

운동을 시작한 후 나는 사람들에게 에너지가 넘치고 활기차다는 소리를 많이 듣는다. "어쩜 그리 건강하세요?"라는 소리도 들었다. 40년 이상을 약골로만 지냈고, 몸이 아플까 봐 무슨 일이든 무리하지 않았던 내가 그런 소리를 들으니 신기했다.

굳은 결심으로 시작한 운동은 생각보다 어렵지 않았다. 마음만 먹으면 별것 아니라는 사실이 당혹스럽기까지 했다. 해 보니 아무것도 아닌데 도전조차 해 보지 않았던 내가 한심했다. 이전의 나는 남들이 알아서 나를 배려하고 챙겨 주길 바랐다. 이제는 그것이 얼마나 어리석은 일인지 안다. 남에게 의지하면 일단은 편하다. 누군가 나를 챙겨주면 사랑받고 있다는 마음이 든다. 잘못되어도 남의 탓을 하면 된다. 그러나 그렇게 살다 보면 인생의 주도권이 점점 없어진다. 인생은 자기 두 발로 서야 한다. 남의 발로 서는 것은 업혀 있는 것이지 선 것이 아니다.

인디언 속담 중 "죽는다는 것은 누군가의 기억에서 잊히는 것"

이라는 말이 있다. 자신을 잊고 사는 사람이 많다. 내가 나를 죽이고 있다는 뜻이 된다. 스스로 자리를 잡지 못하고 누군가에게 맡기기만 하다 보면 성장하지 못한다. 누군가를 책임지기 전에 나를 책임지고 홀로서기를 하려면 건강한 체력이 첫 번째다. 사람은 건강하면 에너지가 넘치고, 에너지가 있으면 활동하게 된다. 그래야 무슨 일이든 할 수 있다.

다행히 약골인 가운데도 내가 가진 강점은 버티기다. 끝까지 해낸다는 의지력이 강하다. 학창시절 100미터 달리기는 잘 못했지만 오래달리기에서는 기록이 좋았다. 뛰는 동안 목이 따갑고 다리가 휘청거려도 견뎌냈다. 숨이 끊어질듯이 괴로워도 포기하지 않았다. 철봉 매달리기도 자신 있었다. 온몸이 바들바들 떨려도 이를 악물고 내려오지 않았다. 운동 둔치였지만 오래달리기와 철봉 매달리기를 할 때만은 자신감이 넘쳤다.

노력형이 세상을 지배한다

공부는 평생을 걸쳐서 해야 한다. 이런 길고 긴 여정에서는 지구력, 인내심, 노력, 투지 같은 것들이 성공을 결정하는 중요한 잣대가 된다. 누군가의 대리 인생이 아니라 스스로 결정하는 진정한 나만의 인생을 살아야 한다. 그러려면 끊임없이 발전하고 배우고 익혀야만 한다. 인생은 재능보다는 노력이다. 재능도 있고 노력도 한다면야 따라올 자가 없겠지만 신은 공평하다. 절대 재능과 투지를 한꺼번에 주지는 않는다. 천재들은 자만에 잘 빠진다. 대부분은 이 세상에서 자기를 따라올 자가 없다고 생각한다. 그래서 죽을 만큼 노력하지 않는다. 거북이와 경주하던 토끼처럼 자만하고 움직이지 않는다.

쉬지 않고 노력하는 사람에게 기회와 운이 동시에 온다. 끈질기게 물고 늘어지다 보면 어디선가 해결의 실마리가 나온다. 미련스럽다고 할 정도로 해야만 한다. 모든 발명과 예술품들 중 갑자기 튀어나온 것은 하나도 없다. 끊임없는 시도 중에 생각지도 않게 발견되기도 하고 다른 것이 생겨나기도 한다. 재능이 아무리 뛰어난 사람도 노력이 없다면 금방 사장되고 만다. 그러나 재능이 없어도 끈질긴 집념과 의지를 가지고 있는 사람이라면 반드시 해낸다.

하루 한 걸음씩만 걸어도 1년이면 365걸음을 걷게 된다. 영어라면 하루 한 문장만 외워도 1년이면 365문장이라는 어마어마한 계산이 나온다. 노력하는 사람은 누구도 이길 수 없다. 아무리 어려운 상황이라도 될 때까지 하기 때문에 실패란 없다. 조금 늦는 것은 아무런 문제가 없다. 늦게 가도 많은 것을 배울 수 있다. 반드시 이루고 해낸다는 믿음으로 끈질기게 매달리는 노력형이 결국은 세상을 지배한다.

공부하는
척이라도 하라

스스로 가치를 찾았을 때 공부하는 의미를 알 수 있다

나는 집안일 중에 청소가 제일 하기 싫다. 집이 너무 어질러져 있거나 먼지가 굴러다니면 청소할 생각에 겁부터 난다. 그래서 청소 도우미를 소개받았다. 선하고 차분한 인상의 도우미가 다녀가면 마치 마법이 일어난 것처럼 온 집안이 빛이 났다. 내가 미처 발견하지 못한 곳까지 구석구석 깨끗이 치우고 정리해 놓으신 것을 보면 항상 감사한 마음이 들었다. 도우미 여사님께서는 "나는 이렇게 깨끗이 정리 정돈하는 것이 너무 행복해. 보람을 느껴."라고 말씀하셨다. 60대 후반의 나이에도 자신의 일을 찾아 즐기는 모습이 보기 좋다. 그분의 성실함과 일에 대한 자부심은 진짜다. 그분에게는 가사 도우미로서 원칙이 있었다. 바로 '따로 자신의 일을 가진 사람의 집에만 방문한다'는 것이었다.

"그렇잖아. 집에 있는 사람이면 집안일을 해야지. 그게 자기 일인데 사람이 일을 안 하면 되겠어? 나는 바쁜 사람들을 돕는다 생각하며 일해. 돈을 떠나서 집에서 놀고 있는 사람들을 돕고 싶지는 않아."

일에 대한 원칙과 소신을 가진 그분을 보며 참 많은 것을 배운다. 동시에 감사하고 진정으로 존경한다.

나는 일을 30년 넘게 하면서 보람도 있었지만 회의도 밀려왔다. 환자를 대할 때 진심으로 대하려고 노력했지만 솔직히 귀찮을 때도 있었다. 어떠한 사명감이 있어서 일한다기보다 밥벌이를 위해 직장을 다니고 있었다. 그래서 행복하지 않을 때가 더 많았다. 그러면서도 내가 진정으로 하고 싶은 일을 찾을 생각은 하지 않았다. 매일 같은 일을 무의미하게 되풀이하고 있을 뿐이었다.

지금 자신이 하는 일에 가치를 부여하고 천직으로 생각하는 것은 아주 중요하다. 가치란 남이 주는 것이 아니다. 스스로 어떤 것에 대해 가치를 두느냐에 따라 기준이 달라진다. 어느 시인이 말한 것처럼 아무리 아름다운 꽃이라도 바라봐 주고 불러 주었을 때 비로소 꽃이 되는 것이다. 나의 가치가 빛이 되어 세상을 밝힌다고 생각하자.

성적보다 중요한 것은 적성이다

우리 아이들은 대학을 선택할 때 학교보다 전공을 기준으로 했다. 담임 선생님은 학교 위주로 진학하기 바랐지만 나는 달랐다. 물론 공부를 아주 잘했다면 모르겠지만, 학교와 전공 중 선택하라면 묻지도 따지지도 않고 전공을 선택하라고 할 것이다. 좋은 대학을 나온 사람은 대학이 자신을 대변해 준다고 생각한다. 또 반대로 별볼 일 없는 대학을 나온 사람은 열등감 속에서 괴로워한다. 편입을 하거나 유학을 가는 등 출신 대학을 바꾸려는 사람들도 많다. 또 졸업을 해서 취업을 했다가도 또 다른 꿈을 찾아 새로운 공부를 시작하는 사람도 많다.

대학에 가기 전에 자신의 적성에 대해 충분히 생각해 보아야 한다. 먼저 생각을 하고 선택해야 하는데 선택을 먼저 하고 생각을 나중에 하는 사람들이 많다. 그러다 보니 30대가 되도록 독립도 못하고 대학생인 경우도 많이 본다. 대학에 들어가기만 해도 성공한 것으로 여겨지던 때와는 너무 다르다. 학생들은 취업할 곳이 없다고 아우성이고 기업들은 인재가 없다고 아우성이다.

나의 대학 선택 기준은 취업이었다. 나는 학문을 연구해서 공헌할 생각은 없었다. 그래서 기술 위주의 전공을 선택하기로 했다. 그래서 간호학을 선택하는 데 주저함이 없었다. 졸업해서 간호사 자격증만 따면 크게 취업 걱정을 할 필요가 없었기 때문이다.

그러나 생각보다 취업이 쉽지는 않았다. 대학에 다니며 병원 실습을 다녔다. 병원에서는 그나마 웃을 수 있는 부서는 분만실이다. 그때만 해도 출산율이 지금처럼 낮지 않았다. 병원마다 아기들이 넘쳐났다. 나는 교수님이 써 주신 추천서를 들고 멀리 인천까지 갔다. 조산원 연수를 하는 병원이었는데 아쉽게도 낙방했다. 다시 교수님이 추천해 주신 회사의 건강보건실에 지원했다. 그런데 면접관이 나에게 동아리 활동에 대해 물어 보았다. 노동조합이 막 결성되던 시절이었다. 이력서에 빈칸으로 두기 뭐해서 동아리 활동을 적었는데 회사는 그런 활동에 민감하다는 것을 미처 알지 못했다. 결과는 당연히 낙방이었다.

그렇게 한두 곳에 낙방하고 나니 좌절감과 두려움이 밀려 왔다. 그래서 좀 더 기회가 많은 서울로 갔다. 신문을 뒤지고 간호협회에도 전화를 계속했다. 인터넷이 없을 때라 전화가 아니면 직접 찾아가는 수밖에 없었다. 그러나 간호사를 구하는 곳은 전부 다 경력자만을 원했다. 사회초년생이 가진 벽은 높았다.

할 수 없이 신문구직란을 뒤져 제약회사에 들어갔다. 간호사로 들어간 것은 아니었지만 놀고 있을 수만은 없었다. 제약회사에서 신입사원 교육을 받던 중 지원했던 병원에 바로 취업이 되어 그곳을 떠났다. 내가 가진 전공으로 취업이 되어 가니 다들 부러워했다. 나는 그 뒤로 30년 넘게 간호사로 일하고 있다.

목표가 확실하면 길을 잃지 않는다

대학에 지원할 때 대부분 점수에 맞춰 원서를 낸다. 일단은 대학에 가고 보자는 주의다. 그리고 학교를 졸업하면 '뭐라도 하겠지'라고 막연하게 생각한다. 운 좋게 취업에 성공하는 사람도 있다. 그러나 대부분 취업이 힘들고 전공과는 아예 다른 길을 간다. 자존감은 바닥에 떨어진다.

대학을 선택할 때 학벌이나 남 눈치를 보고 선택하면 절대 안 된다. 물론 대학이 인생을 결정짓는 것은 아니다. 그러나 처음에 발을 잘못 들여놓으면 너무 많이 돌아가야 한다. 무기력하게 꿈도 없이 젊은 시절을 방황하게 된다.

공부가 안 될 때도 많을 것이다. 그래도 공부에서 아예 손을 놓으면 안 된다. 처음부터 다시 시작하려면 너무 멀고 오래 가야 한다. 공부는 성적이 아니라 내가 가야 할 진로를 목표로 잡고 하는 것이 맞다. 진로를 먼저 잡고 공부하다 보면 공부가 안 되더라도 흔들리지 않는다. 설령 잠시 흔들리더라도 가야 할 길이 정해져 있으므로 언제든지 다시 돌아올 수 있다.

4장

공부 습관을
만드는
21일의 법칙

혼자 공부하는 시간을
늘려라

인간은 바라는 것을 기꺼이 믿는다.
- 율리우스 카이사르 -

환경은 당신을 바꿀 수 없다

산속에서 혼자 살아가는 사람들을 다루는 프로그램이 인기다. 종편 채널인데도 시청률이 꽤 높다고 한다. 출연자들의 모습을 보면 평범하지 않다. 가족에게 버림받았거나 사업에 크게 실패했거나 큰 병에 걸린 사람들이다. 대부분 사연 한 가지쯤은 있다. 전기도 수도도 없는 깊은 산속에서 적막하게 살고 있는 그들은 행복하다고 말한다. 어려웠던 시절에 비하면 그럴 수도 있겠다. 하지만 그곳은 도피처일 뿐이다. 잠시 머물 수는 있지만 영원히 살 수는 없다. 결국은 사람을 그리워하고 사람 곁으로 돌아오게 된다. 사람은 사람 냄새를 맡으며 사람 사이에서 살아가야 한다. 좋은 말을 듣고 사랑을 주고받으며 살아야 사람답게 사는 것이다.

초등학교 때 집안이 아주 가난한 친구가 있었다. 허름한 옷에서는 냄새가 났고, 손톱에도 까맣게 때가 껴 있었다. 성격도 느릿하고 답답해서 학교 친구들과 잘 어울리지도 못했다. 게다가 학교가 끝나자마자 집으로 돌아가 동생들을 돌봐야 해서 공부도 제대로 하지 못했다.

그런 친구가 고등학교에 올라가면서 달라졌다. 동생을 업고 아궁이에 불을 지피면서도 책을 보고 있었다. 온갖 집안일을 하면서도 손에서 책을 놓지 않았다. 주위의 시선이나 분위기는 아랑곳하지 않았다. 쉬는 시간에 다른 친구들은 매점에 다녀오거나 모여서 수다를 떨고 있는데 이 친구만은 책상에 딱 붙어 앉아 공부했다. 가끔 나에게 모르는 문제를 알려 달라고 찾아오기도 했다.

그러던 어느 날, 그 친구가 알려 달라고 가져온 수학 문제를 보고 나는 경악했다. 난이도가 너무 높아 나는 아예 시도조차 해보지 않고 포기한 문제였다. 그런데 친구는 그 문제를 풀어보려고 노력하고 있던 것이다. 내가 모른다고 하자 친구는 깐깐하고 무섭기로 소문난 수학 선생님께 매달리기 시작했다. 선생님은 직설적이고 아량이 없었다. "너 같은 돌머리가 뭐 이런 걸 푼다고 그래?"라며 대놓고 구박했다. 나 같으면 창피하고 자존심이 상해 더 이상 물어보지 않았을 텐데 그 애는 달랐다. 야단을 맞고 머리를 쥐어박히면서도 포기하지 않았다. 결국 선생님은 풀이방법을 알려 주셨고, 그 친구는 그것을 열심히 들었다.

그리고 며칠 뒤 수학 수업이 끝나고 나가시는 선생님을 그 친구가 쫓아 나갔다. 또 다시 문제를 봐달라는 친구를 흘낏 보신 선생님은 "맞았네."라는 한마디만 남기고 가셨다. 쌩한 선생님의 표정과는 달리 그 친구는 환하게 웃으며 자리로 돌아왔다. 수학 문제 하나를 포기하지 않고 끝까지 풀어낸 친구의 모습에 나는 또 한 번 크게 충격을 받았다. 그 친구의 앞날은 불 보듯 뻔한 일이었다. 철저히 혼자 공부하는 시간을 몸으로 익힌 그 친구는 결국 모든 어려움을 이겨내고 당당히 좋은 대학에 합격했다.

공부는 원래 혼자 하는 것이다

환경을 원망하는 것은 쉽다. 하지만 환경을 탓하지 않고 포기하지 않는다면 혼자 하는 공부의 정석을 만나게 된다. 공부란 누가 대신해 줄 수 있는 것이 아니다. 공부란 원래 혼자 하는 것이다. 혼자 하는 공부가 뼈가 되고 살이 된다. 진정한 자양분이 되어 오래도록 뿌리를 튼튼하게 한다. 스스로 이루어낸 성취감도 주고 자신감도 심어 준다. 성공자들의 대부분은 자수성가한 사람들이다. 그들의 성공 노하우를 들어보면 철저하게 고독을 이겨냈다는 것을 알 수 있다. 혼자 있는 것을 즐기지 못하면 성공할 수 없다고 한다. 혼자 있는 시간을 이겨내야 비로소 함께 있을 수 있다.

혼자 해낸 공부는 어느 누구도 훔쳐 갈 수 없는 평생의 재산이 된다. 공부를 진정하게 내 것으로 만들 수 있는 방법은 혼자 공부하는 것이다. 혼자 공부하면 주위 분위기에 휩쓸리지 않고 오로지 나에게 맞출 수 있다. 집중력을 올릴 수 있고 주위의 여러 가지 유혹이나 잡다한 것에서 분리된다. 모르는 부분을 반복해서 보고 자신의 장단점을 인정하고 찾아내 보완할 수 있다. 공신과 평범한 사람들의 차이점은 절대 포기하지 않고 질리도록 무한 반복과 노력을 한다는 것이다.

음식을 한 번에 많이 먹으면 소화불량에 걸린다. 공부도 날마다 적당한 양을 쉬지 않고 끊임없이 해야 한다. 자신에게 한 약속은 반드시 지켜야 한다. 잠을 자고 밥을 먹는 것처럼 습관이 되도록 공부를 해나가는 사람이 결국은 이긴다. 공부는 이해한 다음에 암기해야 한다. 무조건적인 암기는 무의미하다. 시험을 코앞에 두고 무작정 외우는 식으로 공부하면 시험을 치르자마자 지우개로 지우듯이 사라져버린다. 원리를 파악하고 이해한 다음에 외워야 한다.

나는 사람을 참 잘 기억한다. 길거리에서 스쳐 본 사람도 며칠 뒤 다른 곳에서 다시 보면 "어? 저번에 백화점 앞에서 봤던 사람이네."라고 할 정도로 기억을 잘한다. 어느 날은 가족들과 처음 가보는 식당에 갔는데 직원의 얼굴이 낯이 익었다. 몇 번 가본 식당에서 일하던 분이었다. "어머. 여기로 옮기셨나 봐요?" 하며 내가 먼저 아는 척을 하자 깜짝 놀라셨다. 자주 가는 식당은 아니었지만 참 친절하신 분이라 기억하고 있었다.

내가 근무하는 곳은 병원이다 보니 정기검진을 위해 1년에 한 번 정도 방문하는 고객들이 있다. 나는 그분들도 전부 기억하고 먼저 인사를 건넨다. 그러면 자기를 기억하느냐며 어찌나 좋아하는지 모른다. 나 역시 어디를 갔는데 나를 기억하고 알아봐 주면 그렇게 감사할 수가 없다.

이렇게 잘 기억하는 이유는 내가 사람을 무척 좋아하기 때문이다. 나는 기쁠 때나 슬플 때나 사람들과 함께 있는 것을 좋아한다. 사람에게서 나는 온기를 좋아하고 항상 사람이 답이라고 생각한다.

스스로 조절하고 통제할 줄 알아야 나를 이길 수 있다

혼자 공부하다 보면 나를 파악할 수 있다. 남들의 의견과 생각에 휩쓸리지 않고 나의 강점과 약점을 파악할 수 있다. 다른 사람에게는 쉬운 문제가 유독 나에게만 어려울 수도 있다. 다른 사람들은 잘 모르는 부분에서 나는 빠르게 이해하고 넘어간 부분도 있다. 나의 특성과 이해력 등을 정확히 파악하면 혼자서 하는 공부가 진정한 내 실력이 되고 그것이 점차 쌓여 월등한 성적이 된다. 친구 따라 강남 가다 보면 진정한 내 실력을 만들기 어렵다. 놀 때는 같이 놀아도 공부는 혼자 해야 내 것이 된다. 끼리끼리 만나서 보내는 시간을 모아 보면 허비하는 시간이 얼마나 많은지 놀라게 된다. 혼자 있는 시간을 점점 늘려가며 나만의 공부를 해 보자. 나를 조절하고 통제할 수 있다면 세상의 가장 큰 적을 이기는 것이다.

21일을 지속해야
습관이 된다

실패의 원인을 마음에 잘 새기고 앞을 내다보라.
실패는 지혜의 가르침이다.
과거를 바꿀 수는 없지만 미래는 여전히 당신 손에 달려 있다.

- 휴 화이트 -

집은 가장 편안한 곳이어야 한다

우리 부모님은 농사를 지으셨다. 하지만 진정한 농사꾼은 아니었다. 아버지는 직장인이었고, 일을 다니지 않으실 때만 농사를 지으셨다. 그래서인지 농사에 대해 잘 모르셨다. 엄마 역시 곱게 사시다가 먹고살기 위해 하는 수 없이 농사를 짓게 되셨다. 두 분은 말 그대로 맨땅에 헤딩을 하는 식으로 농사에 도전하셨다. 마을 사람들에게 하나씩 물어보며 도움을 받으셨다.

학교에 가지 않는 일요일에 나는 농사를 도와야 했다. 아버지는 농사꾼도 아니신 데다 수술을 하신 터라 일을 많이 하지 못하셨다. 엄마는 어린 자식들이라도 도와주길 바라셨지만 나는 정말 하기 싫었다. 학교가 멀어 오가는 것만으로도 힘들었기 때문에 일요일만이라도 쉬고 싶었다. 하지만 늘 농사일로 힘들어하시는 엄마를 보고 가만히 있을 수는 없었다. 아무리 힘들어도 도와드렸고, 농사일이 없으면 빨래, 청소 등을 했다. 어느 정도 성장하자 집안일은 완전히 딸들의 몫이 되었다. 나는 아주 어릴 때를 제외하고는 엄마가 차려 주신 밥을 먹어본 기억이 없다.

엄마도 엄마대로 무척 고단하셨다. 농사일이란 게 끝이 없기 때문이다. 정해진 시기에 맞춰 하지 않으면 1년 농사를 전부 망친다. 엄마는 하루 종일 밭을 매고 일하느라 고단한데 집안일까지 쌓여 있으면 짜증을 많이 내셨다. 살아가다 보면 누군가에게 의지하고 싶을 때가 있다. 믿을 만한 사람에게 의지하며 편하게 살고 싶다. 그러니 엄마는 종종 의지가 안 되는 남편을 원망하기도 했다.

반면 아버지는 엄마를 전적으로 믿고 의지하셨다. 엄마가 시장이라도 가서 눈에 안 보이면 창문 너머로 고개를 내밀고 "너희 엄마 언제 오니?" 하고 계속 물었다. 때로는 다툴 때도 있었지만 두 분은 금슬이 참 좋았다.

엄마는 일하지 않으면 먹지도 말라고 하셨다. 나는 그런 엄마가 무서워 일을 할 수밖에 없었다. 가끔은 학교 행사 핑계를 대고 일요일에도 교복을 입고 집을 나서기도 했다. 모든 긴장을 풀고 마음 편히 쉴 수 있는 공간인 집에서 오히려 불편함을 느낀 것이다.

요즘은 나도 그렇고 내 또래의 사람들은 자식들에게 고생을 시키지 않으려고 한다. 본인들이 자라면서 고생을 많이 했으니 자식들만은 편하게 살았으면 하는 마음에서다. 아예 안 시키는 것이 좋지 않은 것은 알지만 그래도 고단한 인생을 살게 하고 싶지 않다. 집에 오면 푹 쉬고 잘 먹고 놀았으면 한다. 지금이야 클 만큼 컸으니 설거지도 시키고 하지만 학교 다닐 때는 아무것도 시키지 않았다.

옛날에는 딸은 아예 학교에 보내지 않는 집도 많았다. 집에서 살림만 하면서 동생들을 돌보게 했다. 아들만 학교에 보냈으며 공부나 열심히 하라고 일도 시키지 않았다. 나는 그런 모습을 보며 다음 세상에서는 꼭 남자로 태어나고 싶다는 생각을 했다. 남자들만 대우해 주는 세상이 싫었다. 엄마는 농사일을 마치고 피곤한 몸으로 부엌에 들어가면서 "똑같이 일하고 와서 여자는 쉬지도 못하고 밥하느라 쩔쩔매고 남자는 떡하니 씻고 밥만 기다리고 앉아 있네!"라며 한탄하셨다.

그나마 엄마가 할 말은 하는 사람이라 이런 말을 하신 것이다. 그 시절 아내들은 남편이 무서워 이런 말은 입 밖으로 내지도 못했다. 권리는 남자들만 가지고 여자는 순종적으로 시키는 일만 해야 했다. "여자 목소리가 담장을 넘으면 집안이 망한다."는 말도 안 되는 소리가 당연하게 여겨지던 시절이었다. 어린 나는 이런 문화를 보면서 남자들에게 절대로 지지 않겠다고 속으로 다짐하곤 했다.

마음을 열고 다른 사람의 의견을 들어라

우리나라는 가부장적으로 집안을 다스리려는 아버지들이 많다. 하지만 강한 처벌은 절대로 좋은 교육법이 아니다. 자식들은 어릴 때야 참겠지만 어른이 되면 되갚으려고 한다. 사람은 은혜를 받은 것도 잊지 못하지만 억울함도 잊지 못한다. 그러니 자식이 어리고 힘이 없을 때 더 배려하고 존중해야 한다. 우리나라는 특히 나이로 밀어붙이는 경우가 많다. 어른들의 말은 무조건 따르라고 한다. 아무리 바른 말이라도 나이 많은 사람에게 하면 건방지다고 찍히기 십상이다.

내가 어른이 되어 보니 어른이라고 항상 옳은 것은 아님을 알게 되었다. 잘 몰라서 어리석은 판단과 잘못된 선택을 하는 일이 비일비재하다. 아직도 앞날이 불안하고 두려움에 어쩔 줄 모른다. 그럴 때면 나도 누군가에게 의지하고 싶고 도움받고 싶다. 어른이라고 해서 항상 강하고 옳지 않다는 것을 인정해야 한다. 어른도 힘들고 모를 수 있다는 것을 인정하고 도움받으면 된다. 그래야 꼰대가 되지 않는다. 마음을 열고 다른 사람들의 의견을 받아들여야 한다.

이전에는 나도 인정하지 않았다. 그래서 힘들 때 누구에게도 솔직하게 털어놓지 못했다. 누구든 중요한 결정에서 오류를 범하고 싶어 하지 않는다. 모르면 솔직히 도와달라고 부탁해야 한다. 그런데 어른들은 모른다는 것을 인정하기 싫고 부끄러워한다. 모르는 것을 감추기 위해 명령과 복종을 요구한다. 도움을 구하고 의견을 물어

보면 쉬울 텐데 그러질 못한다. 알량한 자존심일 가능성이 많다.

습관이 되면 공부가 두렵지 않다

하느님은 일주일이라는 시간 동안 세상을 만드셨다. 그리고 세상 만물을 흐뭇하게 지켜보셨다. 부모들도 자식이라는 희망의 씨앗을 땅에 묻었다. 자식들은 땅속에서 스스로 싹을 틔우고 땅 위로 나와야 한다. 그 기간이 21일이다. 생각이 습관을 관장하는 뇌간까지 가는 데 걸리는 최소한의 시간이 21일이라고 한다. 그 기간을 지내고 나면 이겨낸 자신이 대견스러울 것이다. 21일을 신의 선물로 생각하고 받아들여 보자.

사람은 생각보다 단순하다. 습관이 되도록 하루하루를 만들어가다 보면 나도 모르게 해볼 만하다는 확신이 생기게 된다. 인생을 위해 무엇인가 결심했다면 21일의 약속을 선포해 보자. 처음에 낯설고 두려웠던 공부가 어느새 습관화가 되어 책상 앞에 앉아 있을 것이다.

집중할 수 있는
최고의 공부환경을 만들어라

밤이 어두울 때 더 많은 별을 본다.
- 토머스 에디슨 -

부모의 경험을 자식에게 강요하지 마라

얼마 전 딸과 말레이시아로 여행을 다녀왔다. 전에도 종종 딸과 패키지여행을 다녀온 적이 있지만 이번에는 자유여행으로 다녀왔다. 출발 전 코스를 짜면서 서로 좋아하는 것이 다르다는 것을 잘 알게 되었다. 나는 편안하고 조용하게 자연경관을 즐기는 것을 좋아한다. 반면 딸은 북적북적한 시내에서 쇼핑하고 맛집을 찾아다니는 것을 좋아한다. 나도 20대에는 명동에만 가도 신이 났다. 북적거리는 사람들 사이를 걷고 있으면 활기찬 기분이 들었다. 화려한 상점들과 쇼윈도 불빛만 보고 걸어도 즐거웠다. 아이쇼핑을 하다 자잘한 물건 하나만 사도 스트레스가 풀렸다. 일부러 더 북적이는 곳을 찾아다니며 즐겼다. 그때는 나도 산이나 강의 고즈넉함이 재미없었다. 지루하고 심심했다. 무엇인가 활기찬 것이 필요했다. 하루에도 수없이 많은 일이 일어나기를 기다렸다. 어쩌다 회식에서 한번씩 가는 나이트클럽은 귀가 먹먹해도 신나기만 했다.

이번 여행에서 쿠알라룸푸르 시내 투어가 있었다. 그런데 사람들을 보는 것만으로도 힘들었다. 현기증이 났고, 활기차게 느껴졌던 시장 풍경이 소음으로 들렸다. 눈이 어지러우니 두통도 왔다. 딸은 적잖이 당황했다. 평상시 호기심 많고 적극적이던 내 모습과는 달랐기 때문이다. 그러나 반딧불 투어를 갔을 때는 일몰과 강물을 보는 것만으로도 좋았다. 평온한 풍경을 보고 있노라니 절로 행복했다. 밤이 되자 어둠속에서 조용히 빛을 내는 반딧불이 너무 아름다웠다. 그래서 다들 나이 들고 나면 전원생활을 원하는가 보다 생각하게 되었다.

예전의 나는 나이가 들어도 시골에서 살고 싶지 않았다. 농사짓는 것도 싫고 도시에 비해 생활이 불편한 것도 싫었다. 하지만 이제 조용하고 편안한 자연이 주는 행복을 알게 되었다. 이렇게 서로의 관심사가 다른 것을 알게 된 여행이었다. 딸과 함께해서 좋기는 했지만 세대가 다름을 인정해야 한다는 것을 배웠다.

우리 부모들은 자신의 경험만으로 자식들에게 답을 강요할 때가 많다. 실패나 오류도 범하지 못하게 한다. 무조건 참고 공부만 하라고 한다. 미래를 위해 현재를 희생하라고 한다. 그러나 부모들

에게도 그렇게 살라고 한다면 할 수 있겠는가? 단언컨대 그러지 못
할 것이다.

포기할 줄도 알아야 한다

나는 돈가스를 참 좋아했다. 고기를 좋아하고 튀김을 좋아하니
그 두 가지가 합쳐진 돈가스를 좋아할 수밖에. 나는 밥상이 푸짐하
지 않아도 고기만 있으면 만족했다. 채소는 왜 먹는지 모를 정도로
고기만 좋아했다. 돈가스를 처음 만든 사람에게 노벨상을 줘야 한
다고 생각한 적도 있을 정도다. 바삭한 고기를 한입 베어 물 때 느
끼는 고소한 행복감은 무엇과도 바꿀 수 없었다.

그러나 그때는 돈가스를 넉넉히 사먹을 형편이 아니었다. 그러
니 세상에서 제일 맛있게 느껴졌는지도 모르겠다. 부족해서 더 소
중하고 좋았던 것 같다. 아이들을 키울 때는 가끔 정육점에서 고기
를 사다가 집에서 튀길 때도 있었다. 하지만 돈이 아까워 넉넉하게
사지는 못했다. 그래서 한때는 돈가스를 실컷 먹어보는 것이 소원
인 적도 있었다.

얼마 전 혼자 밥을 먹게 되어 식당을 찾다가 생돈가스집이 있어
들어갔다. 고기가 야들야들 맛있고 연하다고 소문난 체인점이었다.
도톰한 생돈가스가 아주 먹음직스러워 보였다. 그런데 막상 먹어
보니 내가 생각한 맛이 아니었다. 나이가 들면서 입맛이 바뀐 것이
다. 겉은 바삭하고 속은 부드럽고 촉촉했지만 반도 못 먹고 남겼다.

아깝기는 했지만 도저히 못 먹겠어서 남기고 돌아섰다. 이제 돈가스와는 멀어지겠다는 생각이 들었다.

몇 년 전 가족들과 스키를 타러 갔을 때다. 나는 스키를 그리 잘 타는 편은 아니지만 어느 정도는 탈 줄 안다. 그런데 이번에는 달랐다. 다리 힘이 많이 약해져 있어 스키의 속도를 견뎌내지 못했다. 특히 왼쪽 다리가 지지하는 힘이 약해 아무리 버티려고 해도 다리가 자꾸 벌어졌다. 결국 조금 타다가 넘어져 떼굴떼굴 굴렀다. 하필이면 경사가 가파른 곳에서 거꾸로 넘어져 일어나는 것도 버거웠다. 혼자서 쩔쩔매고 있는데 패트롤이 와서 도와주었다. 날아간 스키를 주워 주고는 어깨에 메고 걸어가라고 했다. 나는 그 이후 다시는 스키장에 가지 않는다. 이제는 위험하다는 생각에 작별을 고하고 왔다.

나이가 들면서 생기는 이런 일들을 좀 덤덤하게 받아들이려고 노력하고 있다. 포기하는 부분도 내가 받아들여야 할 부분이라고 좋게 생각하기로 했다. 다행히 젊은 시절에 타봤기에 아쉬움은 없다. 오랜 스키 경력을 가진 지인도 몇 년 전 스키장에서 넘어지면서 어깨가 부러져 수술을 했다. 그 이후 스키장에 가지 않는다고 했다. 운동선수들도 최상급 기량을 자랑하는 기간이 정해져 있다. 부상이 오면 슬럼프도 함께 온다. 물론 마음을 단단히 잡고 슬럼프를 이겨내기도 하지만 대부분 무너진다. 그리고 회복도 더디고 어렵다.

중년 이후에는 더 그렇다. 그래서 중년에는 위험 부담이 큰 곳에는 투자도 하지 말라고 한다. 다시 일어날 시간도, 힘도 충분하지 않기 때문이다. 한번 넘어지면 일어나기 힘들다고 한다. 나는 중년에 배워야 할 새로운 것을 하나씩 배우고 있다.

집중력을 키워야 성적이 오른다

집중해야 할 타이밍에는 최고로 집중하자. 시간이나 집중력을 뺏는 것을 과감히 차단하고 최고의 분위기를 만들어 보자. 엉덩이를 붙이고 버텨내 보자. 시간을 효율적으로 쓰는 법을 배워 나가자. 딴생각이 들며 집중이 안 될 때는 분위기를 바꿔 보는 것도 좋다. 그냥 앉아만 있지 말고 운동을 해 보자. 몇 시간을 대충 앉아 있는 것보다 1시간을 완전하게 집중하는 것이 더욱 효과적이다. 처음에는 10분씩 짧게 집중하다가 조금씩 시간을 늘려 나가는 훈련도 집중력 향상에 도움이 된다. 공부하고 이해한 것을 다른 사람에게 설명하는 것처럼 소리 내어 말해 보는 것도 효과적이다.

공부도 뇌를 쓰는 노동이다. 노동은 오랫동안 쉬지 못하면 효율이 떨어진다. 그래서 집중하고 나면 반드시 쉬어 주어야 한다. 일정한 시간을 재충전해야 효율이 오른다. 집중력을 키우다 보면 효율적인 공부법을 스스로 찾아낼 수 있다.

가고 싶은 대학에 합격한 모습을
생생하게 상상하라

자신이 성공하는 내면의 그림을 마음속에 명확히 각인시켜라.
이 그림을 끈질기게 간직하고 결코 희미해지도록 내버려두지 마라.
- 노먼 빈센트 필 -

최선을 다해야 후회가 없다

나의 딸은 올해 대학을 졸업하고 막 사회인이 되었다. 감사하게
도 졸업도 하기 전에 원하는 곳에 취업이 되었다. 졸업하고 한두 달
쉬다가 회사에 들어가고 싶어 했는데 빨리 출근하라는 연락이 왔
다. 졸업식도 하기 전에 출근을 했다. 요즘 같은 취업난에 행복한
비명이다. 더구나 전문직이다. 원하는 곳에 취업이 되었다고 여기저
기서 축하 인사를 많이 받는다. 정말 감사할 따름이다. 대학에 입
학한 지 8년 만의 졸업이라 더 행복하다. 그리고 정말 잘 참아냈다
고 칭찬해 주고 싶다.

어렵고 긴 시간이었다. 좌절로 울기도 하고 힘들었지만 그래도 잘

견뎌냈다. 딸도 장하고 뒷바라지한 나도 장하다고 생각한다. 졸업식 날 딸은 엄마도 함께 축하받아야 한다고 내게 꽃다발을 건네주었다. 가슴 뿌듯하게 행복한 날이었다. 그러나 가만히 지나온 8년을 되돌아보니 눈시울이 뜨거워진다. 목이 콱 막히는 게 다시 하라면 못할 것 같다.

딸은 문과 출신이었는데 전공을 바꿔 대학에 들어갔다. 약대를 목표로 대학교 2년을 다니며 물리와 수학을 다시 공부했다. 영어도 손에서 놓지 않고 계속했다. 그리고 2년을 마치고 휴학계를 냈다. 본격적인 약대 공부를 위해 좁은 고시원에 짐을 풀었다. 고시원에서 보낸 1년의 보람도 없이 첫 도전에서는 실패를 맛보았다. 실패란 아프기도 하지만 의욕을 꺾어 버린다. 다시 시작하기가 겁이 나고 두려움이 앞선다. 나는 아파하는 딸을 설득해 재도전하도록 용기를 주었다.

"너는 얼마든지 할 수 있어. 네가 안 하면 누가 하겠니?"

열심히 뒷바라지한 나도 실망이 컸지만 내가 주저앉아 실망하면 아이가 받을 상처가 너무 클 것 같았다. 엄마가 툭툭 털고 일어나야 아이도 다시 용기를 낼 수 있다고 생각했다. 고시원 뒷바라지도 힘들었다. 일주일 동안 종종거리며 직장 일을 하고 주말에 올라가서 뒷바라지를 했다. 힘들었지만 그때만큼 보람 있는 때도 없었다. 아이가 원하고 필요할 때 온 마음을 다해 해 줄 수 있어서 감사했다.

나는 엄마의 뒷바라지가 간절했던 사람이다. 나는 이제까지 누구의 도움도 없이 혼자 살며 많이 힘들었다. 그래서 딸은 제대로 도와주고 싶었다. 딸에게는 내가 겪었던 외로움과 좌절을 겪게 하고 싶지 않았다. 엄마가 옆에서 기둥이 되어 주고 땅이 되어 줄 테니 나를 믿고 일어서게 하고 싶었다. 나는 최선을 다해서 뒷바라지했다. 그래야 나도 후회가 없을 것 같았다.

나는 고등학생 때 자취를 했다. 먹을 것이 없어 맨밥만 먹을 때도 많았다. 눈물을 흘리며 밥을 퍼 먹었다. 공부만 하기도 힘든 때인데 밥 외엔 아무것도 먹을 게 없을 때라 몸 상태는 뻔했다. 감기를 달고 살았고 빈혈이 심해 어질어질 핑핑 돌았다. 그러나 엄마는 반찬 걱정을 하거나 밑반찬을 만들어 주시지 않았다. 엄마도 먹고 사느라 바빠서 나가 사는 자식까지 신경 쓸 겨를이 없어서 그러셨을 테지만 그 시절은 아직까지 내 가슴 깊이 응어리로 남아 있다.

엄마의 보살핌이 간절했던 내가 엄마가 되었으니 제대로 된 엄마 노릇을 하며 한을 풀고 싶었다. 우리 아이들은 나처럼 살게 하고 싶지 않았다. 그래서 나는 두 아이들에게 강박적으로 음식을 먹였다. 아침에 아무리 바빠도 절대 굶겨 보내지 않았다. 아침이라 입맛이 없어서 잘 먹지 못하니 매일 과일 같은 각종 먹거리를 준비해서 들려 보냈다. 딸의 친구들은 요즘도 그때 매일 각종 과일과 몸에 좋은 음식들을 싸와서 먹던 이야기를 한다고 한다.

잘 먹고 건강해야 스트레스를 이겨낼 수 있다

나는 매일 아침 가족들 식사 준비와 출근 준비로 정신이 나갈 정도로 바빴다. 그래도 최우선으로 정성을 다했다. 고3 수험생활로 스트레스를 받은 아이는 툭하면 "엄마, 배 아파.", "엄마, 머리 아파." 라며 이유 없이 아프다고 했다. 내가 스트레스를 대신 풀어줄 수는 없었으나 정성을 다해 먹거리를 준비해 주었다.

아이는 수능을 마치자마자 거짓말처럼 아픈 증세가 사라졌다. 스트레스가 무섭긴 무섭다. 여고에서 보건교사를 하고 있는 내 친구 말에 따르면 많은 학생들이 소화불량이나 두통을 달고 산다고 한다. 공부하고 싶어도 학교에 갈수 없었던 내 또래들과는 격세지감이 느껴진다. 하지만 부모의 기대와 압박을 견뎌내야 하는 요즘 아이들도 참 안쓰럽다.

스트레스도 건강해야 이겨낼 수 있다. 학교 급식은 골고루 영양을 갖추고 있다. 철저하게 칼로리도 계산한다. 하지만 엄마가 정성 들여 챙겨 주는 과일 한쪽과 주먹밥 하나보다 힘이 되어 주지는 못할 것이다.

딸은 다시 도전해 보겠다고 마음을 다잡았다. 두 번째 도전에서는 나도 마음을 좀 더 편안하게 먹으려고 노력했다. 내가 불안해하면 그대로 아이에게 전달될 것 같았다. 부모의 감정은 아이에게 고스란히 전달되기 때문이다. 특히 딸들은 엄마의 감정을 금방 알아차린다. 나는 조급하고 긴장하던 첫해와는 달리 편안하고 강한 믿음으로 기다렸다. 딸이 잘 버틸 것이라고 확신했다. 다른 생각은 전혀 할 필요가 없었다.

첫해의 경험을 거울삼아 이번에는 기숙학원을 선택했다. 기숙학원은 먹는 것에서 잠자리와 운동까지 일거수일투족을 맡아 관리해 주었다. 다행히 딸은 기숙학원에 잘 적응했고, 나도 주말에 시간을 갖게 되자 마음이 한결 편안해졌다. 느긋하게 늦잠도 자고 밀린 집안일을 처리하고 쉬기도 했다. 그렇게 딸은 기숙학원의 스파르타식 교육과정을 잘 견뎌냈다. 특별히 아프지도 않았다. 어마어마한 공부 양에 몸서리를 쳤지만 견뎌내 주었다. 그리고 그해 당당히 약학대학에 입학했다. 그렇게 해서 장장 8년간의 자기 꿈을 찾는 시간들을 견뎌내고 드디어 첫 날갯짓을 했다.

장한 딸에게 진심으로 큰 박수를 쳐 주었다. 힘들지 않은 고비가 없었고 약대에 들어갔어도 다시 치열한 공부와 싸워야 했다. 그러나 공부에 단련된 딸은 약대에 다니는 4년 동안 단 한 번도 장학금을 놓친 적이 없다. 어느새 공부에 도가 텄나 보다. 이렇게 자라서 세상에 나가니 전혀 걱정되지 않는다.

생생하게 꿈꾸면 현실이 된다

나는 딸이 시련을 통해 더 단단하고 강해졌다는 것을 알기에 어떤 장애가 있다 해도 뛰어 넘을 것임을 믿는다. 꽃길만 걷기를 바라는 엄마 마음과는 달리 힘든 일도 있을 것이다. 다시 도전해야 하는 일도 생길 것이다. 때로는 선택에 대한 회의가 올지도 모른다. 그러나 나는 걱정하지 않는다. 생생하게 꿈꿀 줄 아는 어른으로 자랐기 때문이다.

딸은 본인이 원하고 가야 할 곳을 정해서 생생하고 확실하게 그렸다. 부모와 아이가 간절하고 현실감 있게 함께 이루면 세상에 못 할 것이 없다는 것을 경험으로 알았다. 아이에게 원하는 대학에 합격해서 기뻐하는 모습을 그리게 해 보자. 원하는 대학에 다니며 캠퍼스를 거닐고 있는 모습을 생생하게 상상하게 해 보자. 간절함만이 그곳으로 데려다 준다. 아이가 원하고 부모가 믿어 준다면 원하는 곳이 어디든 반드시 합격할 것이다. 가고 싶은 대학이 있다면 아이와 직접 방문해서 느껴보고 생생하게 실현되게 해 보자.

적절한 보상으로
공부에 대한 의지를 향상시켜라

호기심이 공부를 재미있게 만든다

내가 간호학 공부를 할 때 제일 힘들었던 부분은 심장이었다. 심장의 원리를 이해하기가 너무 어려웠다. 이해가 되지 않으니 암기도 되지 않았다. 의학용어도 마찬가지였다. 의학용어는 여러 단어가 길게 연결된 합성어가 대부분이다. 먼저 한 단어의 정확한 뜻을 이해하고 외우는 게 먼저다. 그래야 어려운 합성어들을 외울 수 있다. 그런데 학생 때는 무조건 외웠다. 무슨 의미인지도 모르고 무조건 외우기만 하니 돌아서면 잊어버렸다.

그러나 막상 병원 일을 하면서 나를 가장 즐겁게 했던 것도 심장이었다. 심장답게 가장 가슴 뛰었다. 눈앞에서 사람을 살리는 일이 벌어지니 기적을 만나는 것 같았다. 그 드라마틱하고 감동적인 순간을 함께한다는 것이 좋아 심장 파트에 지원했다. 그리고 20년 동안 그곳에서 일했다. 학생 때는 무슨 소리인지 이해하지도 못했던 말들이 지금은 눈 감고도 심장의 혈관 하나하나를 그릴 정도로 훤하다.

심장 파트에서 일을 하다 보니 늘 심장을 들여다보게 되었다. 혈액이 어떻게 들어가고 나오는지 눈으로 직접 보며 심장의 원리를 알게 되자 그 어려웠던 이론들이 단번에 이해되었다. 무엇이든 먼저 이해하고 공부해야 한다. 시간이 좀 걸리더라도 이해하는 것이 먼저다. 이렇게 당연한 원리를 찾지 못해 헤매다가 포기했던 일을 생각하니 공부하는 방법이 잘못되어도 한참 잘못되었다는 생각이 든다.

배움에는 호기심이 있어야 한다. 스스로 알고 싶어야 배우게 된다. "발명은 필요의 어머니"라는 말처럼 내가 필요하니까 알고 싶어졌다. 내가 좋아하는 일을 하게 되니 심장에 대해 속속들이 알고 싶어졌다. 이렇게 현장의 경험과 더불어 책으로 공부했다. 세미나와 훌륭한 석학들의 강의를 들으러 가는 일은 가슴 뛰게 재미있었다. 어른이 되어서 한 공부 중에 제일 재미있게 했던 공부가 일하면서 하게 된 심장 공부였다.

강연과 세미나에서 알게 된 내용들을 직장에서 바로 사용해 보기도 하고 서로 이야기를 나누기도 했다. 날로 발전하는 신기술이 눈앞에서 탄생하는 역사적인 순간을 함께하기도 했다. 사람을 살리는 일에 내가 배운 것들을 직접 사용하며 느끼는 희열은 말로 설명하기 어렵다. 공부의 대가를 확실히 피드백받았다. 짜릿짜릿 전율이 일어날 정도로 재미있는 일과 공부였다. 내가 살아있다는 느낌이 나를 즐겁게 했다.

심장센터 일은 참 고되다. 정신도 바짝 차려야 하고 무거운 납 가운도 입어야 한다. 하루 종일 서 있으니 다리도 퉁퉁 붓는다. 몸도 힘들지만 정신도 바짝 차리지 않으면 순식간에 일이 벌어진다. 긴장의 연속이다. 하지만 나는 그 상황을 즐겼다. 높은 파도를 타면 스릴이 더 커지는 것처럼 힘든 일을 하고 나면 해냈다는 만족감이 더 컸다. 심장 팀원들은 서로를 격려하며 환자를 위해 최선을 다했다. 그리고 환자가 살아나면 엄청난 보람을 느꼈다. 몸의 주인인 심장을 살리는 일은 우리에게 강한 동기를 부여해 주었다. 어벤저스처럼 똘똘 뭉쳐 해내고 나면 심장을 지킨 용사들처럼 의기양양해지곤 했다. 어렵고 고단하고 위험한 일도 보람을 가지게 되면 더한 즐거움이 없다는 것을 배웠다.

너무나 극적인 경험들과 함께했던 심장센터에서의 일들은 평생을 두고도 잊지 못한다. 전우애 이상으로 끈끈할 수밖에 없었던 팀원들은 눈빛만 봐도 무슨 뜻인지 통했다. 환자를 살려야 한다는 하나의 목표를 가지고 있었기 때문이다. 공부도 일도 보람이 있어야 미칠 수 있다. 스스로 느끼는 만족감은 미칠 만큼 빠져버리게 한다. 누가 뭐래도 최고의 열정이고 행동하게 하는 동기라고 생각한다.

이해하면 저절로 외워진다

어려웠던 의학 용어들도 마찬가지였다. 병원에서 사용하는 대부분의 용어는 거의 영어를 사용한다. 한글로 풀기에는 길어지고 한자로 하면 말이 더 어렵다. 의술의 대부분이 미국에서 건너온 탓일 수도 있다. 대학 전공과목 중 의학영어는 내 구멍이었다. 영어를 좋아한 나였지만 듣지도 보지도 못한 용어들은 도저히 외워지지 않았다. 그러나 병원에 다니면서 매일 듣고 보고 사용하다 보니 자연스럽게 익히게 되었다.

우리 부서의 일을 돕고 있는 일반 직원이 이런 말을 한 적이 있다.

"너도 나도 이상한 영어를 써서 도저히 알아들을 수가 없었어요. 그래서 영어 공부를 해야겠다고 마음먹었어요. 누가 영어로 이야기하면 한글로 받아 적어 집에 가지고 가서 사전을 찾으며 공부했어요. 그러다 어느 날 퇴근하는데 매미가 영어로 우는 거예요. 세상이 온통 다 영어로 말하는 것으로 들린 거죠."

나 역시 신규간호사로 병원에 들어갔다. 용어를 반은 알아듣고 반은 눈치로 깨우치며 시작했다. 그러다 보니 어느새 하나씩 자연히 알게 되었다. 날마다 사용하면서 배우니 더 빨랐다. 한 낱말씩

뜻을 알게 되니 아무리 길어도 별것 아니었다. "서당 개 삼년이면 풍월을 읊는다."는 말의 의미를 알게 되었다. 학생 때 그렇게 애를 먹이던 과목이었건만 졸업 후에 이해를 먼저 하니 식은 죽 먹기와도 같았다. 이렇게 이해하면 외우려고 하지 않아도 저절로 기억된다. 도저히 안 외워지고 돌아서면 잊어버리는 것들은 이해하는 것이 우선이다.

지속적으로 반복하면 자연스럽게 내 것이 된다

아무리 기분이 좋은 행복감도 30초를 넘기기 어렵다는 보고가 있다. 그래서 짧은 행복감을 지속하기 위해서는 행복했던 순간을 강하게 확인하라고 한다. '아! 지금 내가 행복하구나! 나는 이럴 때 행복하구나'라고 확인하라는 것이다. 그때 자신만의 특이한 몸동작을 하는 버릇을 들이면 행복감이 아주 강하고 오래갈 수 있다고 한다.

기억력도 비슷하다. 처음 볼 때나 들었을 때 다르고 반복해서 볼 때는 더욱 다르다. 안 보였던 것도 보이고 새롭게 보이는 부분도 있다. 나는 영어나 국어를 좋아해서 수업 시간이 끝나도 영어 단어나 문장을 외우곤 했다. 국어 시간에 배웠던 소설을 다시 읽기도 하고 시를 외우기도 했다. 나도 모르게 반복하며 복습하고 있던 것이다.

그러나 수학, 과학 등 싫어하는 과목은 절대 다시 들여다보지 않았다. 모르니 더 어렵고 싫은 것이므로 공부해야 하는데 선생님이 나가자마자 후다닥 책을 덮어버리고 다음 수업 시간까지 꺼내보지도 않았다. 그러니 내가 수학을 못하는 것은 당연했다. 내가 수학을 정말 잘하고 싶었다면 정면 승부를 했어야 한다. 더욱 집중하고 팠어야 한다. 다른 공부보다 더 많은 시간을 할애하고 물고 늘어졌어야 한다. 그러기 위해서는 인내하고 희생했어야 한다.

나는 어떠한 희생과 인내, 노력도 하지 않은 채로 수학을 잘하고만 싶어 하는 바보였다. 애초에 수학을 내 것으로 만들려는 의지가 없었던 것이다. 수학에 대한 나만의 고정관념을 만들어 놓고 나를 움직이려 하지 않았던 것이다. 그 뒤로도 수학은 내 발목을 물고 늘어졌다. 결국 고3 때 나는 아예 수포자가 되었다. 나는 아직 수학에 대한 미련이 남아 있다. 언제쯤 수학에 다시 한번 도전해볼까 하는 아쉬움을 가지고 산다.

최선을 다하고 나면 후회가 없다고 했다. 할 수 있는 것을 다했기 때문에 후회가 남을 일이 없다. 운동 경기에서 선수들이 최선을 다해 싸운다면 져도 박수를 받는다. 그러나 상대가 강하다고 꽁무니를 뺀다거나 어처구니없는 스코어로 패할 경우에는 관중들의 비난을 받는다. 뒤늦게 후회해도 이미 끝났다. 주어진 시간 안에 최선을 다해야 한다.

최선을 다해 노력한 나에게 박수를 칠 줄 아는 사람이 되자. 나에게 주는 적절한 보상은 자존감을 가지게 해 준다. 그리고 스스로를 격려하는 법도 배워야 한다. 내가 나를 믿지 않으면 안 된다. 설사 원하는 목표에 오르지 못하더라도 최선을 다한다면 큰 보상이 뒤따를 것이다.

중요한 과목부터
하라

직접 해보기 전에는
아무도 자기 안에 어떤 능력이 도사리고 있는지 미리 알 수 없다.
- 어니스트 헤밍웨이 -

즐겁게 하면 성적은 자연히 향상된다

나는 국어 과목을 매우 좋아했다. 수업 시간이 어떻게 지나가는지도 모를 정도로 재미있었다. 선생님도 좋았다. 내가 열심히 하고 잘하니 자주 칭찬해 주셨다. 칭찬은 칭찬을 낳고 동기를 유발했다. 잘하고 재미있으니 수업 시간이 끝나도 책과 노트를 덮지 않고 보고 있었다. 배운 걸 잊어버릴세라 다시 암기하고 외웠다.

나는 학기 초에 교과서를 받으면 집에 가는 길에 국어 교과서부터 읽었다. 교과서라는 생각이 들지 않고 재미있는 소설책 같았다. 매년 새롭게 작품과 작가들을 아는 재미가 있었다. 더 자세히 알고 싶은 작품이나 작가가 교과서에 있으면 더 좋았다. 국어에 푹 빠져 있으니 책을 훤히 안다고 해도 무리가 아니었다. 시험기간에 국어 공부를 따로 하는 사람이 이상할 정도였다.

하지만 수학을 잘하는 친구는 국어 시간을 별로 좋아하지 않았다. 국어 시험을 치고 나면 "이 문장을 왜 그렇게만 생각해야 돼? 이렇게도 생각할 수 있지 않아?"라며 씩씩거렸다. 그 친구는 수학처럼 정답이 딱 떨어지는 것이 좋다고 했다. 국어처럼 '코에 걸면 코걸이, 귀에 걸면 귀걸이'가 되는 학문은 싫다고 했다.

나는 영어도 좋아했다. 외국인을 보기 힘든 시절이었다. 책에서나 외국인을 볼 수 있었지만 나는 마치 미국에서 살고 있는 것처럼 미국생활을 상상하는 것이 즐거웠다. 당시에는 귀했던, 잼을 바른 빵과 우유에 탄 시리얼을 먹는 상상만으로도 영어가 재미있었다.

그러던 어느 날, 학교에서 외국인 앞에서 하는 영어 발표 예선 대회를 한다고 했다. 친구가 한번 도전해 보고 싶다며 나에게도 참가 의견을 물어왔다. 하지만 나는 영작을 잘하지 못해 난감했다. 그러자 친구는 "교과서 보면서 써 보고 선생님께 고쳐 달라고 하면 되지."라며 대수롭지 않게 이야기했다. 그 친구는 영어를 그리 잘하는 편도 아니었지만 자신감이 넘쳤다. 나도 얼떨결에 지원하기로 했다.

나는 영어책을 교재 삼아 〈나의 여고시절〉이라는 영작을 지었다. 아주 초보 수준이었다. "I am a high school girl…."로 시작하는 내용이었던 것 같다. 선생님은 내 영작을 보시고는 웃으시더니 몇 문장 보강해 주셨다. 짧은 문장이었지만 전교생 앞에서 영어 발표 예선을 치르게 되었다. 그런데 덜컥 1등이 되었다. 엉성하고 우스운 영작에 제대로 외우지도 못해 더듬거리면서 했는데도 말이다.

스스로 준비하고 노력해야 후회가 없다

바로 본선 준비에 들어갔다. 영어 선생님이 원고를 전부 써 주셨다. 용기에 관한 내용이었다. 누구보다 용기가 절실했으므로 나에게 딱 맞는 주제라 생각되었다. 그러나 솔직히 나와 맞지 않았다. 어떻게 용기를 내야 하는지, 용기가 왜 필요한지에 대한 내용이었지만 내 이야기가 아니었다. 그래서인지 가슴에 와 닿지 않았다. 또한 어려운 단어들로 나열되어 있어 사전을 옆에 두고 하나씩 찾아가며 외워야 했다. 내 평소 수준과는 거리가 있으니 입에 착착 달라붙지도 않았다. 게다가 선생님은 원고를 써 주시기만 하고 그 뒤로는 신경을 써주지 않으셨다.

2주 정도 연습했지만 도저히 외워지지 않았다. 그러나 선생님께 원고가 어렵다고 솔직히 말하지도 못했다. 다 외우지도 못한 채로 본선에 나가게 되었다. 미국인 2명이 심사위원으로 앉아 있었다. 미국인 앞에서 영어를 하려니 머릿속은 더 하얘졌다. 단상에 오르자 첫 줄부터 하나도 생각이 안 났다. 조금 머뭇거리던 나는 그냥 원고를 보고 읽어버렸다. 어쩔 도리가 없었다. 원고를 줄줄 읽었으니 아무 의미도 감동도 없었다. 듣는 사람도 곤욕이었을 것이다. 나에게 그 5분은 5시간보다 길게 느껴졌다. 내 얼굴은 점점 홍당무가 되었다. 용기에 대한 주제를 발표하면서 목소리는 기어들어갔다. 자신감이 없으니 앞에 앉은 사람들의 눈을 제대로 바라보지도 못했다. 주제 따로 내용 따로 발표 따로 놀고 있었다.

발표를 마친 뒤 심사위원들의 심사평을 듣는 내내 너무 부끄러웠다. 발음에 대한 지적보다는 발표 자세에 대한 지적과 용기가 부족해 보인다는 말에 창피함을 금할 길이 없었다. 선생님도 나도 말이 없었다. 다른 발표자들이 자신감 있는 태도로 발표하는 모습을 보며 더욱 괴로웠다. '나도 저렇게 할 수 있었는데…' 후회해 봤자 이미 늦었다.

나는 선생님께 부끄럽고 죄송스러웠다. 이렇게 중요하고 소중한 기회를 살리지 못한 일은 오랫동안 아쉬움과 상처로 남았다. 내가 특히 좋아하고 잘하는 과목을 그렇게 날려버린 일이 평생을 두고 아쉽다.

반기문 전 UN 사무총장의 자서전을 읽었다. 시골 출신인 그가 영어를 잘하게 된 것은 시멘트 일을 하러 온 외국인들에게 영어를 배우게 된 것이 시작이었다. 고3 때 영어로 쓴 에세이 한 편으로 우리나라 대표로 백악관에 초청받기도 했다. 그때 자신의 우상이던 존 F. 케네디 대통령을 직접 만나 외교관이 되겠다고 자신의 꿈을 이야기했다고 한다.

꿈을 말한 그 순간부터 꿈이 이미 이루어진 것이나 다름없었을 것이다. 나는 자서전을 읽으며 내가 얼마나 큰 기회를 허망하게 날린 것인지 알게 되었다. 안타깝지만 후회해도 소용없는 일이었다. 이렇게 후회하지 않으려면 미리 준비하고 기회가 왔을 때 야무지게 잡을 줄 알아야 한다. 기회란 준비되어 있는 자에게만 온다. 그리고 쏜살같이 지나가 버린다. 절대로 되돌아오지 않는다. 좋은 기회를 만나려면 고기가 지나는 길목에 낚싯대를 드리우고 고기보다 먼저 기다리고 있어야 한다.

자신을 먼저 파악해야 공부의 순서를 정할 수 있다

나 자신을 제대로 파악해야 공부가 잘된다. 부족한 부분은 솔직하게 인정하고, 모르고 약한 부분은 보완해서 미리 준비해야 한다. 그래야 중요한 기회를 날리지 않는다. 좋아하고 잘하는 과목에 자신감이 붙으면 다른 과목들도 잘 따라와 준다. 목동들은 동물들을 몰아갈 때 전부를 몰지 않는다. 우두머리를 잡고 이끈다. 그러면 나머지 동물들이 우두머리를 따라 자연스럽게 원하는 방향으로 온다.

부끄러워도 솔직하게 나를 마주보는 용기를 내야 한다. 현재의 나를 솔직히 평가해야 미래의 솔직한 나를 만날 수 있다. 어떤 부분을 어떻게 보강하고 어떤 부분을 어떻게 이끌어야 할지 나를 솔직히 인정하자. 좋은 멘토를 만나도 나를 보여주지 않으면 손잡아 줄 수 없다. 나를 먼저 보여 주어야 멘토가 자신의 능력과 경험을 통해 성공의 길로 이끌어 줄 수 있다. 나를 알아야 제대로 된 목표가 생긴다.

일에도 순서가 있다. 중요한 일과 급한 일이 있다면 중요한 일부터 하는 것이 정답이다. 사람들은 쉬운 것을 먼저 하려는 경향이 있다. 중요하지만 어려운 경우는 자꾸 미루려고 한다. 그렇게 미루다 보면 중요한 것을 놓치게 된다. 쉽고 바른 일들만 처리하는 버릇이 생기면 중요한 일은 골치를 아프게 하는 것이라 생각된다. 괜찮은 척 덮어두다가 결국은 포기하는 사태까지 가게 된다. 공부도 중요한 것부터 해야 한다. 중요 과목을 미리 해두지 않으면 절대로 빨리 따라갈 수 없다. 그리고 기초가 안 되어 있어 자꾸 뒤로 처지게 된다. 일처리도 중요한 것이 먼저이듯 공부도 중요한 과목부터 해야 한다.

쉬는 시간 중
5분은 복습 시간이다

몸에 익은 습관은 불필요한 생각의 단계를 줄여 준다.
- 하정우, 《걷는 사람, 하정우》 중에서 -

나태와 타협하지 않고 원칙을 지키는 사람이 성공한다

자신의 꿈을 가질 수 있도록 동기를 부여하는 것은 꿈을 이루게 하는 최고의 도구다. 매우 구체적이고 미래 지향적이어야 한다. 꿈은 크게 꾸되 작은 실행리스트도 가지고 있어야 한다. 작은 실행리스트는 큰 꿈을 이어주는 연결점이다. 점들이 이어지고 이어져서 높은 목표에 도달한다. 나는 2109년에 이루고 싶은 30가지의 실행리스트를 만들었다. 올 한 해 실행리스트에 따라 점을 제대로 찍다 보면 내가 원하는 지점에 와있지 않을까 생각한다. 마냥 지루하게 걸어가는 것보다 목적을 가지고 갈 때가 지루하지 않다. 꿈을 가지는 것도 마찬가지라고 생각한다. 목표를 가지고 걸을 때와 무작정 걸을 때는 걸음걸이부터 다르다.

　가족끼리 드림리스트를 공유하면 기쁨이 배가 된다. 거실 벽에 각자의 드림리스트를 붙여놓고 가족들이 보는 앞에서 이루어진 꿈을 이야기해 보는 시간을 가지는 것도 좋겠다. 처음에는 유치하고 우습게 생각되지만 서로 지켜봐 주고 이야기하는 과정 안에서 꿈이 변하기도 하고 커지기도 한다. 새로운 꿈을 위한 또 다른 리스트가 생겨나기도 한다.

　아이돌그룹인 방탄소년단의 열풍이 전 세계적으로 거세다. 빌보드차트에서 1위를 하고 한국의 비틀즈라는 찬사를 받기도 한다. 외국인들도 우리나라의 기획력을 인정하고 배우려고 한다. 가끔 TV에서 케이팝 아이돌 서바이벌을 흥미롭게 볼 때가 있다. 짧은 시간 동안 치열하게 연습하고 경쟁하는 모습이 소름끼친다. 더구나 최고의 엔터테인먼트 대표들이 지켜보며 독설을 날릴 때면 출연자들은 울고 웃는다. 생사의 갈림길이라고 해도 맞을 정도다. 그렇게 지독하게 훈련한 덕분인지 군무를 보는 재미도 있고 멤버 각자의 실력도 만만치 않다. 요즘은 세계 진출을 위해 외국어도 미리 공부시킨다고 한다.

　방탄소년단을 만들고 성공시킨 장본인 방시혁 대표가 조명을 받게 되었다. 그는 서바이벌 프로그램 심사위원 때 어린 도전자들에게 심한 독설을 날려 비호감이 된 적이 있다. 나 역시도 그의 심드렁한 표정이 마음에 들지 않았다. 그는 참가자들에게 항상 부족한 점만 지적했고 칭찬에 인색했다. 시청자들은 참가자들의 연습과 도전 장면을 보며 함께 힘들어하고 응원하고 있는데, 일말의 여지도 없이 날리는 일침은 참 냉정하고 비정해 보이기까지 했다. 그런 그가 방탄소년단을 세계적인 순위로 끌어 올리고 나자 재조명되기 시작했다.

얼마 전 방시혁 대표가 출신학교인 서울대에서 축사를 하는 것을 유튜브로 보았다. 그는 방탄소년단을 여기까지 올라오게 할 수 있었던 힘은 '현실에 대한 불만'이었다고 말했다. 현실이 만족스럽지 않기 때문에 조금이라도 개선하려고 했을 뿐이라는 것이다. 조금만 더 노력하고 조금만 더 해내면 완벽할 수 있는데 좌절하거나 성실하지 않는 모습에서 실망을 했다고 했다. 그래서 부족한 점을 자꾸 개선해 나가다 보니 오늘날의 방탄소년단이 되었다고 했다. 큰 꿈을 꾼 것은 아니었단다. 본인은 원래 야심도 없고 꿈도 없었다고 했다. 크게 꿈을 세우고 다가간 것이 아니라 현실에 대한 불만을 개선해 나가는 과정에서 성공했다는 것이다. 원칙을 지키며 타협하지 않았기 때문에 오늘의 자신과 그룹이 있다고 했다.

자신에게 철저하고 남에게 관대하라고 한다. 그러나 대부분은 반대로 하고 산다. 나에게도 남에게도 관대한 척한다. 사실은 대충 타협하고 사는 비굴함인지도 모른다. 대충 얼버무리며 책임지지 않는 일이 비일비재하다. 잘못을 따지면 까칠하다고 하고, 그냥 지나가면 사람 좋다며 원칙을 지키지 않는다. 착한 사람 증후군에 빠진 우리는 남의 눈을 의식하며 제대로 된 내 인생을 살지도 못한다. 잘못을 해도 사과할 줄 모른다. 자신의 잘못을 인정하고 상대방의 처신을 기다리는 것이 용기 있는 모습이다. 남의 잘못을 용서할 줄 아는 것도 용기 있는 일이다. 그래야 화해도 관용도 생기고 새로 시작할 수 있다.

잘못은 솔직히 인정하고 바꿔 나가야 한다

정말로 아닌 것에 대해서는 분노할 줄 알아야 한다. 우리는 서로 봐주기 문화에 익숙하다. 원칙을 지키라고 하지만 그 원칙은 고무줄 늘어나듯 줄었다 늘어났다가 한다. 그렇게 핑계를 대다 보면 더 발전하기 힘들다. 원칙이 없고 대충 안주하다 보면 완벽해질 수가 없다. 불합리한 일들도 보고도 못 본 척 한다. 나 자신도 기성세대로서 많이 부끄럽다. 젊은 친구들이 "왜 이렇게 해야 돼요? 왜 원칙대로 안 해요?"라고 따지면 "너도 나이 들어 봐라."라고 얼버무리면서 꾸짖을 때도 있다.

어렸을 때 내 생각을 말하면 어른들은 말대꾸한다고 아주 싫어하셨다. "어른에게 꼬박꼬박 말대꾸하는 못된 것!"이라고 꾸짖으셨다. 그러니 아무리 내 생각이 옳다고 생각해도 입 다무는 것이 착한 것인 줄 알았다. 순종하는 사람이 효도하고 착한 사람이라고 배웠다. 나이가 들면서는 더 지혜롭고 소신 있는 삶을 살아야 한다.

그러려면 다른 사람들의 의견도 들을 줄 알아야 한다. 다른 사람들은 어떻게 생각하는지, 왜 그렇게 생각하는지 들을 줄 알아야 한다. 틀린 것이 아니라 다른 것을 들어보고 개선하고 인정해 주어야 한다.

하지만 현실은 더 주눅 들고 비굴하게 된다. 젊은 시절 혈기왕성했던 정의감은 다 어디로 가고 현실과 타협하려고만 한다. 안주하기 위해 못 본 척하고 못 들은 척한다. 그런 나를 보는 것이 답답하기 짝이 없다. 그래서 나는 거울 속의 내 눈도 잘 들여다보지 못했다.

강요하고 얼버무리지 말자. 다른 사람들의 의견을 신선하게 받아들이자. 나의 가치관과 생각만을 강요하지 말자. 잘못한 것은 솔직히 인정하고 바꿔 나가는 용기를 갖자. 그래야 세상이 좋은 방향으로 변해간다. 활짝 마음을 열고 받아들일 때 더 행복해진다.

배운 것을 되새김질해 완벽하게 소화하라

한 독서모임에서 활동한 적이 있었다. 매주 한 권의 책을 선정해 읽고 토론하는 모임이었다. 그런데 회원들이 거의 직장인이다 보니 일주일마다 한 권씩 읽기가 어려웠다. 그러자 독서모임 주최자가 말했다.

"책을 끝까지 전부 읽지 않아도 좋습니다. 제목과 목차만이라도 보고 오세요. 프롤로그를 보고 작가가 책을 쓴 의도를 이해한 다음 70쪽 정도를 보고 책을 덮어도 좋습니다. 그리고 다음 책을 읽기 시작하십시오. 그렇게 독서량을 늘리다 보면 어느새 독서하는 속도도 방법도 빨라져 있고 독서에 재미도 붙게 됩니다. 독서 실력도 눈에 띄게 늘어 있을 겁니다."

또 어느 독서왕은 말했다.

"처음부터 너무 어려운 책을 보지 마세요. 처음부터 중간에 포기하는 습관을 들이면 다른 책을 다시 집어 들기 쉽지 않습니다. 처음 보는 책은 제일 쉽고 얇은 책으로 시작하세요. 이렇게 3권 정도를 완독하다 보면 일단은 자신감이 생깁니다. 자신감과 동시에 책에 대한 흥미도 생깁니다. 이렇게 책과 가까워지는 계기를 만드세요. 그러다 보면 자연스럽게 책을 찾는 사람과 습관이 됩니다."

두 사람 말에 다 공감이 간다. 일단 책과 친해져야 한다는 것이다. 독서에 흥미를 느끼고 자연스러운 일이 될 때까지 습관을 쌓으라는 말이다.

공부도 마찬가지다. 반복하다 보면 자연스럽게 공부와 가까워지게 된다. 쉬는 시간 중 5분이라는 자투리 시간을 이용해서 배운 것을 들여다보면 더욱 더 선명해진다. 5분을 우습게 보지 말아야 한다. 시간 앞에 겸손해지자. 5분이 모여 5시간이 되고 5일이 된다. 철저하게 복습하는 습관을 만든다. 배운 것들을 되새김질하듯 다시 기억으로 새겨 넣다 보면 확실히 기억할 수 있다. 머릿속에 보물이 쌓이게 된다.

수업 시간은 선생님의 주도적인 시간이었다면 쉬는 시간 중 5분은 내 것으로 소화하는 시간이다. 5분을 활용해서 50분의 수업을 정리하고 소화시키는 지혜를 만들어야 한다. 5분이라는 짧은 시간이지만 빠르고 강하게 혼자 집중할 수 있다. 쉬는 시간 5분을 임팩트 있게 활용해서 이용하자. 짧아서 더 강하게 기억할 수 있다. 5분 복습하고 5분 쉬는 지혜가 필요하다.

긍정적인 마음 습관을
가져라

베풀고 나눌 줄 아는 사람이 되라

첫아이를 임신했을 때 입덧과 몸살기운으로 힘들었다. 2~3개월 정도 몸살을 앓고 있는 느낌이었다. 하지만 약을 먹을 수도 없으니 그저 참는 것밖에는 방법이 없었다. 다행히 많이 토하지는 않았다. 불현듯 몇 번 구토가 나오긴 했지만 몸살에 비해서는 참을 만했다. 나중에 둘째를 가졌을 때 그때가 생각나 두려웠다. 축 처져서 계속 잠만 잤다. 먹기도 싫고 움직이기도 귀찮았다. 하루 종일 이불을 뒤집어쓰고 누워 있다시피 했다.

잘 먹지도 않고 늘어져 있던 나를 도와준 건 이웃 언니들이었다. 초등학생 자녀를 둔 분들이었다. 아래위층에 살던 언니들은 날마다 초인종을 누르고 나를 불렀다. "뭐해. 어여 올라와서 뭣 좀 먹어.", "아침도 안 먹었지? 어여 와. 토스트 구워 줄게."라며 나를 불러 챙겨 주셨다. 두 언니에게 참 많은 도움을 받고 배웠다. 언니들은 날이면 날마다 입덧으로 못 먹는 나를 위해 많은 것들을 해다 주셨다. 그 고마움을 잘 표현하지는 못했지만 지금까지 가슴 깊은 곳에 계속 남아 있다. 자신들도 그리 넉넉지 않은 형편임에도 불구하고 죽 한 그릇이라도 나눠 먹던 인정이 참으로 따뜻했다.

이사로 헤어지게 되면서 지금은 만나지 못하지만 언니들의 가르침과 사랑을 늘 잊지 않고 있다는 말을 꼭 전하고 싶다. 그 은혜를 직접적으로 갚지는 못해도 다른 누군가에게 베풀며 살아갈 것이다.

아이에게 엄마는 세상 그 자체다

나는 키가 큰 편이고 날씬하다. 첫 임신에서는 6개월이 지나도록 외모가 별로 달라지는 것이 없었다. 임신 7개월 무렵, 친정아버지가 수술을 위해 입원하셔서 병문안을 갔다가 돌아오는 길이었다. 버스에서 내려 집으로 가는 길은 좁고 어두웠다. 그때 뒤에서 누군가 나를 껴안았다. 너무 놀라 소리를 지르자 그 사람은 도망갔다. 놀란 가슴을 겨우 진정시키고 집에 돌아왔지만 배 속 아이가 걱정되었다. 다행히 배도 뭉치지 않고 별 탈 없이 지나갔다. 그때 집에 와있던 남동생이 "임신부 티 나게 하고 다녀."라며 나무랐다. 그래서 나는 일부러 배를 더 내밀고 다녔다.

임신하면 좋은 생각만 하고 좋은 것만 먹어야 한다고 하지만 신혼살림은 궁핍했다. 가스비도 아껴야 했으니 임산부에게 꼭 필요한 철분제 하나 사먹기가 여간 힘든 게 아니었다. 끼니도 라면으로 때웠으며 과일은 쳐다보지도 못했다. 첫아이는 태어나고 얼마 동안 아토피를 앓았다. 심한 편은 아니었지만 내가 라면만 먹어서 그런 것은 아닌가 하는 죄책감도 들었다.

나는 지금도 라면을 참 좋아한다. 내가 라면을 좋아하게 된 계기는 어린 시절로 거슬러 올라간다. 그 시절은 먹을 것이 귀했다. 지금이야 라면이 싸서 돈이 없는 사람들이 많이 먹지만, 그때는 라면이 나온 지 얼마 되지 않아 참 귀했다. 라면을 사먹을 정도가 된다는 것은 돈이 있다는 뜻이었다. 그때 우리 아버지는 홀로 부산에서 직장생활을 하셨다. 기숙사에서 다른 직원들과 라면으로 끼니를 자주 때우셨다고 한다. 그리고 그 라면 봉지를 접어 방석을 만들어 오셨다. 생필품 하나가 귀한 시절이었으니 나름 재활용을 하신 것이다. 나는 그 방석을 만져보며 라면을 원 없이 먹을 수 있는 아버지를 부러워했다. 날마다 라면을 드신다니 꿈만 같았다. 반찬 만들기가 어려워 라면만 드신 건데 그걸 부러워했으니 참 철이 없었다.

나는 어릴 때 자주 아파 감기를 달고 살았다. 아프면 입맛이 싹

달아나서 물 한 모금도 잘 못 마셨다. 아픈 데다가 안 먹으니 한번 아프면 일주일 정도는 호되게 앓았다. 어느 날 또 아프던 나에게 엄마가 무엇을 먹고 싶으냐고 물었다. 나는 라면을 먹고 싶다고 했다. 엄마는 귀한 라면을 아픈 나를 위해 끓여 주셨다. 나는 그것을 허겁지겁 먹었다. 너무 맛있었지만 빈속에 먹어서인지 다 토했다. 얼마나 귀한 라면인데, 토해버린 게 아까워 한참을 쳐다보고 있었다. 그래서인지 지금도 밥이나 라면 중 택하라면 언제나 라면을 택한다.

임신했을 때는 몸살 기운이 있기는 했지만 특별히 먹고 싶은 음식은 없었다. 늘 속이 미식거리니 김치 정도나 겨우 먹었다. 드라마에서 입덧하던 임신부가 뭔가 먹고 싶다고 하면 남편이 쏜살같이 튀어나가 사다 주는 것을 볼 수 있다. 난 그런 장면을 보면 남의 이야기 같았다. 들어줄 누군가가 있어야 어리광을 피울 수 있다. 나는 임신 때도 뭐가 먹고 싶다고 한 적이 없다. 모든 일이 처음이라 누군가의 도움이 필요했지만 그냥 견뎌냈다. 두려웠고 도움이 필요했지만 선택의 여지가 없었다. 어디에 기대거나 의지할 데가 없었다. 혼자 감당하고 이겨내야 하는 삶이었다.

그래서인지 나는 누군가 먼저 나를 좋아해 주면 굉장히 쉽게 마음을 연다. 그러나 나를 지배하거나 억누르려고 하면 절대로 지지 않으려고 한다. 그래서 약자에게는 무지 약하고 강자에게는 강한 성격이다. 혼자 살아내기 힘겨운 나에게 따스한 작은 입김을 불어주는 사람의 손을 덥석 잡는다. 자식을 낳아 길러 보니 자식들은 엄마가 세상의 모든 것인 줄 안다. 아무리 못나고 부족한 엄마라도 상관없다. 아이들은 엄마라는 그 자체로만으로도 나를 인정해 주었다. 나를 믿고 따르고 최고라고 해 주었다. 엄마가 세상에서 제일 예쁘고 제일 좋다고 해 주었다.

사람은 혼자서 살아갈 수 없다

자식을 낳아 길러 보니 부모만 자식에게 주는 것이 아님을 알게 되었다. 나는 자식에게 훨씬 더 많은 것을 받았다. 사람은 어려울 때 진심으로 도와준 사람을 절대 잊지 못한다. 누군가에게 받았던 배려는 평생 못 잊는다. 도움의 손길은 혼자가 아니라는 생각을 갖게 해 준다. 혼자 살아가기에 인생은 너무 외롭고 고달프다. 아니, 인생은 절대로 혼자 살아갈 수 없다. 인생은 사람들과 함께 돕고 의지하며 살아가야 한다. 내가 아이들에게서 받았던 사랑을 어떻게 말로 다 표현할 수 있을까? 하느님이 혼자인 내가 가여워서 우리 아이들을 보내주신 것이 분명하다.

누구나 인생에서 겪게 되는 고통의 질량은 똑같다고 한다. 이제 나에게는 행복할 일만 남아 있다는 사실이 또 살아갈 희망을 준다. 자식은 평생 주기만 해야 한다고 생각한다면 오산이다. 자식에게서 받는 위로와 사랑이 나를 살렸다. 자식들을 통해 살아야 할 이유를 느꼈다. 내가 긍정적으로 살아야 자식도 행복해진다는 것을 알았다. 모든 것은 마음에서 비롯된다. 엄마의 긍정적인 마음은 아이의 인생에 커다란 영향을 미친다. 늘 삶을 좋은 쪽으로 바라보고 행복할 이유를 찾는 긍정적인 사람이 되어 보자. 엄마가 긍정적이어야 자녀도 긍정적인 사람이 된다.

5장

내 아이
우등생 만드는
기적의 교육법

입시 정보, 공부법 등에
휘둘리지 마라

기적을 바라기만 하고 아무 노력도 하지 않는 사람에게
기적은 일어나지 않는다.
- 김연아 -

세상에 소중하지 않은 사람은 없다

나는 아이를 축복 속에서 갖기를 원했다. 엄마는 내가 딸이라
무척 실망했다는 말을 평생 하셨다. 엄마는 딸로 태어난 나를 향
해 고생문이 훤하다고 했다. 아기를 낳고 기르고 뒷바라지하는 여
자가 뭐가 좋아 여자로 태어났냐고 하셨다. 딸이 당신처럼 살까 봐
걱정되어 하신 말일 것이다. 그래서 나는 딸을 낳아도 축복해 주고
남자보다 더 잘 키우겠다고 다짐했다. 임신이 원망이 아닌 축복이
길 바랐다.

엄마는 가족들을 북한에 두고 혼자 월남해 온 아버지를 만나 결
혼하셨다. 대가족 속에서 살다가 친척도 없는 아버지와 둘이 살려니

많이 외로웠다고 했다. 당시에는 명절이라도 친정에 함부로 다닐 수 없었다. 출가외인이 엄격히 적용되던 시기였다. 엄마는 위로 다섯 명의 오빠가 있었다. 한 마을에 친척들이 많이 살아서 예쁨을 많이 받으셨다고 한다. 외동딸은 시집살이시키지 않겠다는 외할아버지의 결심으로 혼자인 아버지와 혼인하게 된 것이었다. 시부모님이 없어 편하기는 했지만 외로움을 많이 느꼈다. 그래서 자식을 많이 낳았다고 했다. 그런데 아들을 낳기만 원하신 모양이다. 큰언니에게는 안 그러셨지만 둘째 언니부터 셋째인 나에게는 아들이 아니라는 원망의 말을 많이 하셨다. 특히 나에게는 노골적으로 대하셨다.

그렇게 자라서인지 나는 남자들에게 지지 않으려는 생각이 유난히 강하다. 딸을 낳고서 나는 어떻게든 남자보다 잘 키우겠다고 다짐했다. 보란 듯이 공주처럼 키우면서 생각지도 못하게 아들이 손해를 보게 되었다. 남자라면 힘든 일을 해야 한다는 생각에 아들에게 심부름부터 온갖 집안일을 다 시켰다. 어려서 하지 않으면 커서는 더 하지 않기 때문에 일부러 더 엄하게 키웠다. 그래서 아들은 억울함이 많다. 언젠가 아들이 그 속내를 털어놓았다.

"나만 청소시키고 나만 재활용시키고 나한테만 다 시켰어. 그래서 나는 집이 싫었어."

나의 섣부른 판단이 아들을 힘들게 한 것이다. 아들이든 딸이든 공평하게 키웠어야 했는데 내 선입견이 아들을 힘들게 했다. 나는 아들에게 진심으로 사과했다. 엄마가 자라면서 받은 차별과 편견으로 널 일부러 그렇게 키우게 되었다고 했다. 배려해 주지 못해 미안하다고 했다. 지금이라도 알았으니 나의 편견을 거두고 열린 시선을 가져 보도록 노력하고 있다. 내가 남자에게 받은 억울한 일들이 자식에게 대물림되지 않았으면 좋겠다. 아들이든 딸이든 소중하고 귀하게 자라주었으면 좋겠다.

"딸은 살림밑천"이라는 말이 있다. 우리 부모세대들은 딸이 부모에게 은혜를 갚길 바라면서 키웠다. 헐벗고 못 먹으면서도 미래에 효도받을 생각으로 희생했다. 자식을 노후 대비로 낳았다. 자식들은 독립해서 용돈도 드리고 병원비도 내며 부모님을 책임졌다. 평생 자식 키우느라 돈을 못 모은 부모님들을 책임지고 살았다. 그러나 우리 세대는 다르다. 일명 '낀 세대'라 불리는 내 또래들은 부모를 책임지는 동시에 부모세대보다 못 사는 최초의 세대라는 자식들까지 챙겨야 하는 벅찬 세대다.

고령사회를 넘어 초고령화사회가 되면서 100세 시대를 넘어 120세 시대가 열렸다고 한다. 장수는 축복이 아니라 재앙이라는 말도 있다. 요즘 병원에 가보면 중년 이후 환자는 보호자가 없는 사람이 태반이다. 찾아오는 사람도 없다. 연락할 곳을 물어도 없다고 한다. 자식들이 더 이상 부모를 책임지지 않는다. 자식들도 살기 바쁘다. 그러니 누군가에게 의지하고 누군가를 책임질 수 없다. 병원에서 보호자 동의가 있어야 하는데도 동의를 받지 못해 애를 먹는 경우가 많다. 참 많이 달라진 세상을 보며 정신 차리고 살아야겠다는 생각이 든다. 그런 생각이 들면 아직 오지 않은 미래지만 참 불안하기 짝이 없다.

부모가 소신을 세워야 아이의 뿌리가 튼튼해진다

많은 형제들 사이에서 부족한 것이 많았던 나는 어른이 되어 결혼하면 아이를 갖지 않거나 하나만 낳겠다고 결심했다. 완벽하게 모든 것을 해줄 수 없으면서 아이를 갖는다는 것이 무책임하게 느껴졌다. 그러나 부모 자격시험을 친다면 통과할 사람은 얼마나 될까? 부모자격증을 받았다고 해서 정말로 좋은 부모가 될까? 아무리 듣고 배웠어도 현실과 너무 다른 이야기일 때가 많다. 그래서 어떤 정보에 너무 현혹되지 말아야 한다.

어떤 일을 두고 사람마다 생각하는 기준이나 느끼는 감정은 천차만별이다. 그래서 이 사람 저 사람의 이야기가 오히려 부모에게는 혼란을 가져다주기만 한다. 자식을 낳고 기르는 일에 연습은 없다. 첫애를 길러 보았지만 둘째는 또 처음이고 셋째는 또 처음이다. 아이들은 성격도 다 다르고 상황도 다르다. 현명하게 판단하고 교육하려면 부모가 자기 소신이 있어야 한다. 누가 뭐래도 흔들리지 않는 뿌리가 있어야 한다.

수많은 다이어트 방법이 있다. 원푸드 다이어트, 디톡스 다이어트, 간헐적 단식 등 이름도 생소한 방법이 많다. 새로 소개될 때마다 열풍이 불었다가 잠잠해진다. 그러나 이 수많은 방법들 안에 담긴 중요한 핵심은 바로 건강한 다이어트다. 몸을 망치거나 효과가 없다면 좋은 다이어트가 아니다. 나에게 맞는 것을 선택해 꾸준히 지속적으로 해나가야 한다. 효과가 좋아도 너무 어려워 오래 지속할 수 없다면 금방 요요현상이 온다. 요요로 망가진 몸은 회복도 어렵다. 요요로 인한 정신적인 좌절감은 다이어트 이전보다 훨씬 커진다.

새로운 요법이 나왔다고 할 때마다 시도해 보는 사람들이 있다. 다이어트에 좋다면 소개되는 갖은 약물이나 식품을 다 섭렵하는 사람도 많다. 어제는 이걸 사고 내일은 저걸 산다. 사다가 다 먹지도 못하고 버리기도 한다. 진정한 다이어트란 어떤 방법이나 마찬가지라고 생각한다. 내가 꾸준히 지속할 수 있는 것, 평상시 유지할 수 있는 것으로 선택해야 한다. 내 기준이 있고 뿌리가 튼튼해야 한다.

변수와 난관에도 흔들리지 않을 기초를 다져라

인터넷과 정보통신기술의 발달로 정보가 흘러넘치는 시대다. 부모들은 넘쳐나는 정보 속에서 어쩔 줄 몰라 한다. 이렇게 하는 것이 정답인 줄 알았는데 틀렸다고 한다. 금방 다시 다른 정보가 옳다고 나온다. 하물며 여러 단계의 검증을 거친 수능시험조차 문제와 답에 오류가 있을 때가 있다. 그러니 내가 하기 쉬운 방법이 최고다. 어떠한 방법이나 정보에 휩쓸리기 전에 가치관과 목표에 대한 기본이 바로 서야 한다. 공부도 입시도 단기간에 성공하기 어렵다. 오랫동안 만들고 다듬어야 결실을 맺을 수 있다. 수많은 변수와 어려운 난관이 온다 해도 흔들리지 않는 기초가 필요하다. 그래야 난무하는 입시 정보에 휘둘리지 않게 된다. 그러려면 자신에 대해 확신할 수 있어야 한다.

튼튼한 기본 공부를 해 두면 어떠한 정책 속에서도 살아남는다. 다른 사람들이 달라진 정책에 허둥지둥하는 사이 제대로 길을 찾는다. 시중의 입시 정보나 공부법에 시간을 뺏기지 말자. 내일 지구가 멸망해도 오늘 한 그루 사과나무를 심는 사람이 되기를 바란다.

눈앞의 성적에
불안해하지 마라

나는 아주 괜찮은 사람이라는 그 믿음,
그것이 바로 내가 생각하는 자존감의 정의다.
- 김미경, 《엄마의 자존감 공부》 중에서 -

멀리 볼 줄 아는 사람이 성공한다

사람은 스스로 자신을 책임지고 남을 도울 수 있을 때 당당해진
다. 내가 살면서 잘한 것이 있다면 '자식을 낳고 기른 것'과 '직장을
계속 다닌 것'이다. 두 가지 다 많은 시험과 고난이 있었지만 그만큼
나를 성장시켰다. 아이들은 엄마에게 자연스럽게 적응한다. 아이들
이 생존에 훨씬 강하다. 엄마가 직장을 다니기 때문에 아이가 잘못
된다거나 산만하다고 걱정하는 사람들이 많다. 눈앞에 보이는 잠깐
의 성적으로 휘둘리는 엄마를 보면 아이는 걷잡을 수 없게 된다. 엄
마가 단단하고 굳세게 아이를 믿고 자신의 역할에 충실해야 한다.

공신들을 보면 어려서부터 영재였던 경우는 많지 않고 평범한 사

람들이 대부분이다. 아무리 영재라 할지라도 중간에 공부에 대한 흥미를 잃고 잘못된 방향으로 자라는 경우가 많다. 눈앞의 점수에 전전긍긍하지 않고 조금 더 멀리 보는 엄마가 아이를 성공시킨다.

얼마 전 아이들과 이런저런 이야기를 나누다가 아들이 말했다. 어릴 때 영어 시험에서 100점을 맞아서 엄마가 퇴근하면 자랑하려고 눈이 빠지게 기다렸다고 한다. 내가 문을 열고 들어오자마자 시험지를 들이밀고 "엄마, 나 영어 100점 맞았어!"라고 자랑했다. 그런데 엄마의 반응이 예상과는 달랐다고 한다.

"수학은? 수학은 몇 점인데? 수학이나 신경 써."

아들은 기가 죽어 버렸다. 엄마가 칭찬은커녕 다른 걸 물고 늘어지다니, 실망이 이만저만이 아니었다고 한다. 그다음부터 아들은 시험을 잘 봐도 나에게 말을 안 했다고 한다. 아들 기를 죽여도 유분수지, 정말 왜 그랬을까. 그깟 수학 점수가 뭐가 중하다고 엄마의 칭찬에 목이 마른 아이에게 그런 말을 했는지 모르겠다. 엄마의 칭찬은 아이를 성장시키는 단비다. 무슨 일이 있어도 긍정적인 신호만을 받아들이고 표현해야 한다.

맞벌이를 위해 아들이 2개월 때 시댁에 맡겼다. 돈도 아낄 수 있어 그 방법을 택했다. 큰애를 키우며 맞벌이를 하다 보니 둘째를 보러 자주 가지 못했다. 한두 달에 한 번 정도 아이를 만났다. 돈을 벌어 빨리 집을 사야 하기도 했고 주말에 할 일도 쌓여 있어 시간을 내기가 쉽지 않았다. 그러는 사이 아들은 폭풍 성장을 했다. 가끔씩 만나니 너무 낯설었다. 내 아들인데도 어색했다. 나는 아들의 잠버릇도 모르고 아들이 좋아하는 장난감도 몰랐다.

함께 시간을 보내야 애착이 쌓인다

아들이 17개월 됐을 때 집으로 데리고 왔다. 더 늦어지면 정말 안 될 것 같았다. 아들을 잃어버릴 것만 같은 두려움이 생겼다. 아무리 사는 게 힘들어도 어떻게든 엄마인 내가 키워야겠다고 결심했다. 나는 그동안 주지 못한 사랑을 주기 위해 최선을 다하기로 했다. 아이를 데려온 첫날, 같이 누워 잠을 청했다.

"엄마랑 자자. 엄마가 자장가 불러줄게."

아이는 내 옆에 누워 눈을 비볐다. 잠이 드는가 싶더니 갑자기 나를 발로 찼다. 그리고는 "엄마 가. 엄마 가!" 하면서 밀어내는 것이 아닌가. 서운하고 속상했다. 떨어져 지낸 시간이 길긴 했지만 그래도 엄마인데… 다음날도 아이는 잠이 오면 나를 거부했다. 안아서 재우려고 해도 밀어내고 혼자 누워야 잠이 들었다. 나중에 알고 보니 아이는 혼자 침대에서 구르며 자는 버릇이 있었다. 엄마가 옆에 있으니 불편해서 밀어낸 것이었다. 그러한 사실도 모르고 내 방식을 강요하려 했던 것이다.

밥을 먹을 때도 마찬가지였다. 나는 작은 아기 숟가락으로 조금씩 밥을 먹게 했다. 그런데 아이는 큰 어른 숟가락으로 밥을 듬뿍 퍼서 먹길 바랐다. 나는 아기는 아기 숟가락으로 먹어야 한다고 달랬으나 아이는 한사코 어른 숟가락을 쓰겠다며 고집을 피웠다. 숟가락을 바꾸면 울어댔다.

그렇게 함께 살기 시작하자 낯선 점이 한두 가지가 아니었다. 아이도 갑자기 엄마와 살기 시작하며 적응하느라 힘들었을 것이다. 힘은 들었지만 우리는 서서히 서로에게 적응해 갔다. 그러면서 함께하지 못한 시간들을 후회했다. 아들이 한참 예쁠 시절에 대한 추억이 우리에게는 없다. 아기와 엄마의 애착이 시작되는 소중한 시간들을 공유하지 못한 것이다. 낳은 정보다 기른 정이 크다는 말을 그제야 알게 되었다.

그 뒤로 나는 후배들에게 아이는 엄마가 키우는 것이 좋다고 조언해 준다. 아이가 크는 동안은 돈을 많이 모으지 못해도 아이를 위한 투자라고 생각하고 아이에게 집중하라고 한다. 아이가 아파 뜬눈으로 밤을 새운 적이 없다면 진짜 엄마의 마음을 알기 어렵다. 자기 목숨까지 아깝지 않은 모성애가 생기려면 그런 시간들이 쌓여야 한다. 서로가 서로를 필요로 하고 정이 들어야만 한다. 그래야 먼저 이해가 된다. 굳이 설명하지 않아도 이해가 되고 배려하게 된다. 아이는 엄마를 찾고 엄마는 아이를 품게 된다. 서로가 단 하나뿐인 소중한 존재가 되려면 많은 시간을 희생하고 사랑해야 한다.

그래야 마음으로 서로를 이해하는 부모자식이 된다.

아이는 엄마의 믿음을 먹고 자란다

얼마 전 이런 글을 읽었다. 아무리 손주가 귀여워도 절대 대신 길러 주지는 말아야 한다는 글이었다. 그건 부모와 아이의 천륜을 끊어 놓는 것과 같다는 것이다. 반드시 서로가 겪어야 할 관계가 있다. 남의 아이를 예쁘다고만 할 수 있는 것은 책임감이 없기 때문이다. 손주가 한없이 귀엽기만 한 것은 책임지지 않아도 되기 때문이다. 부모란 자식을 성인이 될 때까지 책임져야 한다. 바른 사람이 되도록 이끌어야 한다. 무슨 일이 있어도 끝까지 책임을 져야 한다. 책임을 질 줄 아는 부모가 얼마나 힘들고 중요한 것인지 나는 아이를 키우며 배워나갔다.

아이의 점수 하나에 일희일비하는 부모들이 많다. 아이를 임신했을 때는 그저 건강하기만 하라고 기도했는데 아이가 자랄수록 수학, 영어 점수에 아이를 닦달한다. 아이는 엄마의 표정과 격려의 말을 먹고 자란다. 막 자라고 있는 새싹을 싹둑 잘라버리는 엄마의 무심한 말 한마디는 커다란 나무로 성장할 기회마저 빼앗는다. 엄마의 앞선 욕심이 아이를 망친다.

무슨 일이 있어도 끝까지 아이를 믿어야 하는 것이 엄마다. 이 세상 사람들이 모두 등을 돌려도 엄마만은 아이를 지켜보고 믿어야 한다. 소중한 내 아이를 시험 점수로 판단하지 말자. 움직이지 않는 큰 그늘을 드리우는 엄마가 되자. 넉넉한 그늘 아래서 마음껏 쉬고 재잘거리게 하는 엄마가 결국은 아이를 성공시킨다는 사실을 잊지 않았으면 좋겠다.

공부의 주도권을 잡아야
인생의 주도권을 잡는다

늦었다고 생각하지 말고 지금이라도 자존감 공부를 시작하자.
엄마가 자라야 아이도 큰다.

- 김미경, 《엄마의 자존감 공부》 중에서 -

자신을 사랑해야 인생의 주도권을 쥘 수 있다

얼마 전 본 영화에서 엄마가 아이에게 "내 자식으로 태어나 줘
서 고마워."라고 말하는 장면이 나왔다. 보는 동안 눈시울을 적셨
다. 그런 말을 듣는 아이는 자신의 존재 가치를 깨닫고 행복이 넘
쳐날 것만 같다. 사람은 누구나 사랑받기를 원한다. 자신의 존재를
있는 그대로 인정받는 것은 자존감의 근간이다.

사랑을 받아본 사람만이 사랑을 주는 법을 안다고 한다. 하지
만 반드시 그렇지도 않다. 받았기 때문에 계속 받으려고만 하는 사
람도 있다. 자신은 원래 받아야만 하는 사람인 줄 안다. 사람 관계
에 '원래'라는 것은 없다. 어떤 때는 주고 어떤 때는 받을 줄 아는

유연한 관계여야 한다.

엄마가 나에게 원망을 쏟아낼 때면 나는 태어난 것이 죄 같고 불행하게 느껴졌다. 엄마가 나 때문에 고생하고 힘들어한다는 생각이 들었다. 자존감의 근간이 뒤흔들렸다. 나로 인해서 불행한 엄마를 보는 것이 괴로웠다. 엄마를 위해서 내가 할 수 있는 일은 엄마 옆에서 없어져 주는 것이라고 생각했다. 그래서 빨리 독립하고자 죽을힘을 다했다.

독립한 이후로는 어떤 어려운 일이 생겨도 누군가에게 의지하지 않고 나 혼자서 해결하려고 했다. 친정에서 쌀 한 톨도 김치 한 조각도 가져다 먹지 않겠다고 다짐했다. 엄마의 원망을 더 이상 듣고 싶지 않았다. 엄마에게 어떤 것도 신세지고 싶지 않았다. 엄마와는 아예 별개로 살고 싶었다. 그래야 엄마의 원망에서 벗어날 수 있을 것이라고 생각했다.

자식이 태어난 걸 원망하는 엄마를 보면서 자라는 것은 참 불행했다. 그래서 나는 엄마에게 없는 존재로 살고 싶었다. 엄마가 나의 존재를 인정하지 않은 것에 대한 복수심이었던 것 같다. 엄마에게 무슨 복수냐고 할지 모르겠지만 그건 내가 의도하지 않은 것이다.

자신을 학대하는 아이들과 비행청소년들은 모두 부모의 사랑을 받고 싶은 마음을 삐뚤어지게 표현한 것뿐이다. 부모에게 제대로 사랑받지 못한 아이들은 삶의 중심에 자신을 두지 못한다. 자신의 삶을 제대로 살고 있지 못하니 행복하지 않다. 자신의 삶을 어떻게 잘 살아갈지

또는 행복하게 살지 고민할 시간에 다른 쪽으로 살아가고 있다.

아이는 부모의 인생을 대신 살아줄 수 없다

카페에서 글을 쓰고 있으면 젊은 엄마들이 삼삼오오 모여 이야기를 나누는 것을 들을 때가 있다. 언뜻언뜻 들리는 소리는 자식들에 대한 이야기가 제일 많다. 아이가 공부에 집중하지 못한다는 이야기, 정신을 못 차린다는 이야기 등이다. 그리고 다른 사람 이야기로 거의 모든 시간을 보낸다.

아쉽게도 엄마 자신에 대한 이야기는 빠져 있다. 참 안타까운 장면이다. 내 삶에 나는 어디 있을까? 엄마가 하루 종일 자식 생각만 하기를 아이들이 원할까? 엄마의 시간을 모두 아이에게 쓰기를 원할까? 엄마가 자식으로 인해 행복하고 불행하기를 원할까?

내 친구 아들은 공부를 잘해서 과학고에 다녔다. 자식이 하나라서 친구는 자나 깨나 아이한테만 집중했다. 아들이 기숙사에 있는데 하루에도 몇 번씩 통화를 했다. 그러면서 아들에게 말했다.

"너는 엄마의 인생이고 엄마의 모든 것이야."

나는 그 아이가 받을 부담감이 자꾸 마음에 걸렸다. 그 아이는 자신의 인생을 편하게 살 수 있을까? 진정으로 자신이 하고 싶은 것, 자신의 꿈을 이루며 살 수 있을까? 늘 엄마를 염두에 두고 엄마가 행복한 일을 하기 위해 살지 않을까? 자신이 좋아하고 행복하게 할 수 있는 일을 선택하지 못하고 엄마의 눈치를 보게 될까 봐 걱정스러웠다. 하루는 친구가 아들이 이번 생일에 편지를 써 주었다며 보여 주었다.

"나의 엄마로만 살지 말고 엄마의 인생을 살았으면 좋겠어. 더 이상 나를 위해서만 살지 말고 엄마의 인생을 찾아가길 바라. 엄마가 행복해지는 것을 보고 싶어요."

아이의 진심에 가슴이 뭉클했다. 그리고 정말 잘 키웠다고 기뻐해 주었다. 아이는 엄마의 행복을 원하고 있었다. 엄마만의 인생을 살아야 행복해진다는 것을 알고 있었다.

부모가 원하는 대로 자식이 자라주고 성공하면 보람은 최고다. 고생에 대한 대가를 받은 것 같고 자랑스럽다. 그러나 거기까지다. 자랑스럽지만 결코 온전한 내 인생은 아니다. 희생하며 자식을 키운 엄마라는 이름보다 신성하고 위대한 것은 없지만 결코 행복하다고는 할 수 없다. 내 인생도 자식의 인생도 골고루 행복한 것이 좋다. 그래야 어떠한 순간이 와도 축복할 수 있다.

부모부터 자주성, 책임감, 독립심을 가져야 한다

배려와 사랑도 상대가 원할 때 줘야 한다. 사람의 본성은 이기적이다. 내 인생을 희생하고 나면 자식에게 대가를 바라게 된다. 모든 걸 걸고 희생했으니 부모를 첫 번째로 생각해 주길 바란다. 그것이 사람이 가지는 당연한 심리다.

나는 솔직히 엄마를 책임져야 한다는 부담감은 없었다. 엄마가 나를 위해 온전히 살아주지 않았기 때문에 나도 엄마를 위해서 살지 않아도 된다는 생각이 들었다. 그뿐만 아니라 어떤 때는 엄마가 부담스러웠다. 아프다고 연락이 올 때도, 무엇이 필요하다고 연락이 올 때도 솔직히 부담스러웠다. 그래서 엄마에게서 전화가 오면 화가 났다. 엄마는 나한테 해준 게 없으면서 왜 나한테 바라는지 화가 났다. 엄마를 모르는 척하고 살고 싶었다. 나는 혼자서 열심히 달리며 살았다.

그런데 내가 힘들게 살 때는 모른 척하던 엄마가 이제 좀 살 만해지자 자주 연락을 하기 시작하셨다. 이것저것 필요한 게 생길 때마다 나에게 연락을 했다. 엄마에게 서운한 게 많던 나는 그때마다 다정하게 대해 드리지 못했다. 앙금이 남아 있어 엄마에게 형식적이고 쌀쌀맞게 대했다. 그래도 자식 된 도리로 어쩔 수 없이 내가 일하는 병원에서 검진과 치료를 받게는 해 드렸지만 엄마가 불쌍하지도 않고 가슴이 아프지도 않았다. 사랑을 억지로 만들어서 표현할 수는 없었다. 엄마한테 잘해야 한다는 생각은 있었지만 막상 보면 화가 나고 밉기까지 했다.

콩 심은 데 콩 나고 팥 심은 데 팥 나는 게 세상 이치다. 자신은 삐딱하게 걸으면서 아이에게만 똑바로 걸으라고 강요할 때 아이의 인생은 엉망진창이 된다. 스스로 자주성과 책임감, 독립심을 가지고 본인의 인생을 책임지고 나서야 다른 인생을 생각할 수 있다. 나부터 한 인간으로 바로 서야 누군가의 인생에 끼어들 수 있는 것이다.

부모가 되기 위한 준비를 하지 않은 채 부모가 된 사람이 많다. 준비를 한다고 해도 예상치 못한 일들이 너무 많이 일어난다. 개인의 가치관이나 사정에 따라 완전히 달라진다. 요즘은 딩크족, 싱크족 등 자신의 소신대로 사는 젊은이들이 많다. 나는 이런 확실한 사고를 가지고 있는 사람들을 이해한다. 두 사람이 결혼해서 독립했다면 그건 두 사람의 삶이다. 누가 이래라 저래라 하는 것은 맞지 않다.

하나를 보면 열을 안다. 성실한 사람이면 인생도 성실히 살 것이다. 공부도 두말하면 잔소리다. 우직하게 노력하고 힘든 것을 견뎌내는 노력파라면 아무리 힘든 상황이 오더라도 견뎌내고 참아낸다. 힘든 시련을 견뎌내는 사람만이 달콤한 꿀을 딸 수 있다. 그러므로 학생 때 열심히 노력한 사람이 사회에서도 열심히 할 가능성이 크다. 공부를 잘한 사람은 능력 있는 친구들이 많은 학교에 가고 좋은 인맥을 갖게 된다. 그 사람을 보려면 친구를 보라고 했다. 사람은 혼자 살아갈 수 없다. 좋은 인맥이 많은 사람은 인생도 성공할 가능성이 매우 크다.

좋은 사람을 내 옆에 두고 인덕을 쌓으려면 먼저 내가 좋은 사람이 되어야 한다. 자신이 인덕이 없다고 불평하는 사람들을 본다. 자신이 못난 사람인 줄 잘 모른다. 사람은 대부분 끼리끼리 살아가게 되어 있다. 그러므로 공부 주도권을 잡으면 인생에서나 사회에서 주도권을 잡을 확률이 높아진다.

어떠한 경우라도
부정적인 말은 금물이다

우리는 때로 누군가가 나를 믿어 준다는
사실만으로 살아갈 힘을 얻는다.
- 혜민, 《고요할수록 밝아지는 것들》 -

아이는 부모의 거울이다

자식에게 인성을 가르치는 것이 무엇보다 중요하다. 일본에서는
자녀들에게 '남에게 피해를 주지 않는 것'부터 가르친다고 들었다.
어릴 적 일본에서 자란 엄마는 일본의 좋은 점에 대해 많은 이야
기를 해주셨다. 엄마가 길에서 지갑을 주워 경찰서에 갖다 준 적이
있는데 다시 떨어진 자리에 두면 된다고 했단다. 남의 집 담장 밑에
홍시가 지천으로 떨어져도 누구 하나 주워 먹지 않는다고도 했다.
가정교육을 반듯하게 시킨다는 생각을 했다. 또 언젠가 TV에서 일
본 유치원생들이 겨울에도 반바지에 짧은 양말만 신고 다니는 것
을 본 적이 있다. 강하게 키우려고 한다고 들었다. 추위쯤이야 참아

야 하는 것이라고 가르친다는 것이다.

엄마는 늘 정직해야 한다고 말씀하시며 어떻게 사는 것이 사람답게 사는 것인지도 알려 주셨다. 내가 힘들었던 순간에도 나를 지킬 수 있었던 것은 반듯한 생각을 가진 엄마를 보고 자랐기 때문이라고 생각한다. 엄마는 자식들에게 사랑을 표현하진 않으셨지만 바르게 사는 법과 여자라도 경제력을 가지고 독립적으로 살아야 할 줄 안다는 것에 대해 늘 말씀하셨다. 그래서인지 우리 세 자매는 모두 이 나이까지도 직업을 가지고 경제적 활동을 하며 살고 있다. 특히 큰언니는 백화점 수산물 코너에서 생선을 다루는 힘든 일을 하면서도 즐거워 어쩔 줄 모른다. 친구들 만나며 일할 수 있다고 좋아한다.

언니들의 그런 억척 뒤에는 엄마의 강한 생활력이 있었다. 무엇이라도 해서 자식들 먹이고 입히고 살아내야 한다는 엄마의 힘이 있었다. 엄마는 암 투병 직전까지 농사일을 놓지 않으셨다. 성실함으로 따지면 나는 엄마 발끝도 못 따라간다. 이렇게 자식은 굳이 가르치지 않아도 부모를 보고 배운다. 어떤 것이 옳고 그른지를 부모가 하는 대로, 가르치는 대로 보고 느끼고 배운다.

부모는 아이의 첫 번째 멘토다

나는 아이를 키울 때 《탈무드》를 많이 읽고 새겼다. 유태인들의 오래된 지혜가 대단했다. 또한 오래도록 세계 경제를 주무를 수 있는 힘의 원천도 알고 싶었다. 살면서 아주 힘든 일이 생겼을 때 유명인들과 가상으로 상의를 해 보는 것이 좋다고 한다. 상상으로 내가 존경하는 인물들과 함께 상의를 하는 것이다. '이럴 때 오바마라면 내게 어떤 얘기를 해 줄까?', '오프라 윈프리라면 어떻게 할까?' 상상하며 결론을 내려 보라는 것이다. 물론 결론은 내가 내리겠지만 관점이 다를 것이다. 멘토라면 분명 그 사람의 관점에서도 생각해낼 것이다. 그렇게 생각해서 결정을 내린다면 아무리 어렵고 힘든 일도 슬기롭고 지혜로운 해답을 구할 수 있겠다는 생각이 든다.

당신은 어려운 순간이 왔을 때 누구에게 질문해 보는가? 그동안 나는 정말 어려운 순간에는 기도를 하고 신에게 답을 구해 보기도 했다. 물론 하느님이 어떤 계시를 주시거나 한 적은 없지만 그렇게 기도하다 보면 내 안에서 자연스런 답이 나왔다. 중요한 순간에 실수하지 않는 아주 좋은 방법이니 꼭 해 보기를 권한다. 지혜를 가진 멘토를 만날 수 있는 좋은 방법이다.

이렇게 인생을 살아갈 때 누군가를 멘토로 삼는 일은 참 중요하다. 인생의 첫 번째 멘토는 당연히 부모다. 그중에서도 엄마다. 자식을 키우며 가장 친밀하고 사소한 것을 가르치기 때문에 엄마의 기본 성향이나 성품을 닮게 되어 있다. 그래서 자식은 부모의 거울이다. 말썽 피우는 자식을 보며 "쟤는 누굴 닮아 저러는지 모르겠다."라고 하는 부모를 본다. 참 바보 같은 질문이라는 생각이 든다.

내가 부모가 됐을 때 제일 두려웠던 것 중 하나도 자식의 올바른 멘토가 되어 줄 수 있는가 하는 것이었다. 어느 유명 강사의 말이 생각난다.

"남녀가 서로에게 반하는 호르몬이 멈추고 나면 그다음은 모국어로 얘기합니다. 아기였을 때 배운 부모의 언어를 그대로 합니다. 그래서 여자는 남편을 고를 때는 반드시 그 남자의 아버지를 보고 선택해야 합니다."

콩깍지가 벗겨진 후 남편의 진정성을 보려면 그 아버지를 보라는 소리였다. 물론 아버지의 부정적인 부분을 닮지 않기 위해 노력하는 사람도 많다. 하지만 자신이 깨닫지 못하는 순간에 평상시 말투나 관점, 사고가 인성에 스며든다. 그래서 자식이 행복하고 반듯하길 바란다면 나부터 반듯해야 한다. 나부터 긍정적이고 포용할 줄 알아야 한다.

자존감과 자기 확신으로 부정적 에너지를 몰아내라

작은 것이라도 아이들 앞에서는 함부로 행동할 수 없다. 아이들이 공부하고 있는데 통화로 수다만 떨고 있는 엄마, 자신은 드라마를 보고 즐기면서 아이는 책상에 앉혀 놓고 감시하는 엄마라면 아이가 절대로 바로 설 수 없다. 부모가 먼저 바로 서야 한다. 신호등

앞에 가면 파란 불에서 손을 들고 건너라고 말로만 가르치지 말고 직접 보여 주는 것이 어떨까? 벗은 신발을 가지런히 정리하는 모습을 직접 보여 주는 것은 어떨까? 밥을 먹기 전 먼저 잘 먹겠다고 인사하는 모습을 보여 준다면 아이는 감사를 배우게 된다. 식사 준비는 엄마가 하고, 설거지와 청소는 아빠가 하는 모습을 보고 자란 아이들은 가사 분담을 당연하게 받아들인다. 밥 먹자마자 바로 소파로 가서 리모콘을 누르는 아빠를 보고 자란 아이가 가정적이길 바란다면 한계가 있지 않을까?

평상시에도 서로 존경하지 않는 부모를 보고 자란 아들이 자기 아내를 갑자기 존경하게 되지 않는다. 어느 정도는 교육으로 고칠 수 있겠지만 한계가 있다. 그래서 옛 어른들은 결혼을 할 때 사람보다는 집안을 보았다. 집안을 보면 당사자를 보지 않아도 알 수 있기 때문이다.

부정적인 것은 긍정적인 것보다 3배 강한 기억 효과가 있다고 한다. 그래서 사람은 꽃으로라도 때리지 말라고 했나 보다. 사람의 행동은 무조건적인 신뢰와 사랑, 칭찬을 통해 교정해 나가야 한다. 어떠한 순간에라도 희망을 포기하지 말고 긍정적인 메시지를 남기는 부모가 되자. 그래야 아이가 이 길고 험난한 항해를 이어갈 힘을 얻는다. 부모라는 배를 타고 거친 파도를 이겨내며 나아간다. 그러니 부정적인 것에 초점을 맞추지 말자. 좋은 점을 찾아 칭찬하면서 교정할 수 있도록 노력해 보자. 또한 스스로 칭찬하고 사랑해 줌으로써 자존감을 높여 보자. 부정적인 시선을 거두려면 자존감과 자기 확신이 있어야 한다. 아이는 엄마의 긍정의 말을 평생 기억하며 그 말을 샘물 삼아 목마를 때마다 마시고 갈증을 이겨내며 살아갈 것이다.

결과보다는
과정에 대한 칭찬을 하라

제대로 된 독서는 고독이 줄 수 있는
가장 훌륭한 기쁨 중 하나다.
- 헤럴드 블롬 -

서로 이해하려고 노력하라

아이들이 집을 떠나 대학에 다니면서부터 나는 혼자 있는 시간을 버티기 위해 강아지를 입양할까 생각했다. 평소 강아지를 무척 좋아하기도 하지만 쓸쓸한 집 분위기를 조금은 활기차게 올려줄 것 같았다. 그런데 일단 데려오면 끝까지 책임져야 한다는 부담감으로 조금 망설여졌다. 내가 일을 나가면 하루 종일 혼자 두어야 한다는 것도 마음을 무겁게 해서 이러지도 저러지도 못하고 있었다. 아무도 없는 집에서 하루 종일 갇혀 있어야 하는 강아지를 생각하면 미안했다. 친구들은 끝까지 책임질 수 없으면 시작도 하지 말라며 말렸다. 강아지는 생명체이지 장난감이 아니다, 동물과 함께 생활하면 비위생적이다 등 갖가지 나쁜 점과 힘든 점들을 이야기했다. 그래서 포기도 못하고 데려오지도 못한 채로 어정쩡하게 있었다. 그러던 어느 날 강아지를 키우고 있는 후배가 말했다.

"그래도 키우는 게 좋을 것 같아요. 나쁘고 힘든 면도 있지만 좋은 점이 훨씬 많아요."

또 결정적으로 딸이 더 이상 미적거리지 말고 당장 데려오자며 내 팔을 잡아끌고 유기견센터를 방문했다. 조금 더워지기 시작하는 초여름이었다. 센터의 시설은 열악했다. 센터 근처에만 갔는데도 개 짖는 소리와 용변 냄새가 났다. 미리 전화를 하고 갔기에 간단한 주의사항을 안내받았다.

그중 제일 기억에 남는 것이 있다. 한 강아지에게만 관심을 주지 말라는 것이었다. 모든 강아지들을 골고루 봐 주고 사진도 찍어 주라고 했다. 그리고 들어가자마자 엄청나게 짖어댈 것이니 놀라지 말라고 했다. 각오를 하고 들어갔지만 맹렬히 짖어대는 강아지들 때문에 내부를 제대로 둘러보지 못할 정도였다. 케이지 안에 갇혀 있는 강아지들은 선택받기 위해 최선을 다해 짖어댔다. 수많은 강아지 중 한 마리만 선택하는 것이 잔인하게 느껴졌다.

보는 둥 마는 둥 몇 마리의 사진을 찍고 쫓기듯 그 자리를 빠져나왔다. 찍은 사진 중 서너 마리를 선택하자 담당자가 그 강아지들을 데리고 나왔다. 그중에서 선택한 친구가 지금 나와 함께 살고 있는 '쭈'다. 암컷이라 딸의 애칭인 '쮜'를 따라 '쭈'라고 지었다. 주의사

항도 듣고 여러 가지 절차를 마친 뒤 데리고 나왔다. 애견미용실에 들러 꼬질꼬질한 털도 다듬고 목욕도 시킨 뒤 집으로 데리고 왔다.

우리 쭈를 선택하기는 했지만 처음 보자마자 쿵하고 마음이 동한 것은 아니었다. 그냥 여러 마리 중에서 좀 괜찮게 느껴진 정도다. 그렇게 집으로 온 쭈와 나는 서로에게 아주 천천히 적응해 나갔다. 나는 강아지 때문에 내 생활을 변화시키지 않았다. 강아지에 대한 책도 많고 프로그램도 많지만 별다른 공부나 사전 지식 없이 그냥 부딪쳤다. 사료와 물통, 대소변 패드를 산 정도만으로 간단한 준비를 마쳤다. 그 뒤로도 쭈를 위해 무언가를 특별히 준비하지는 않았다. 물론 강아지를 무척 좋아하는 딸이 이것저것 사다 나르기는 했다.

그렇게 한 2년이 되어 가니 웬만한 건 이제 서로 다 안다. 내가 아침에 일어나 출근 준비를 하고 집을 나설 때면 쭈는 다 안다는 듯이 미동도 안한다. 인사를 해도 빤히 쳐다볼 뿐이다. 자기 집에서 나오지도 않고 귀찮다는 듯이 눈만 끔뻑거리는 모습이 웃음을 자아낸다. 하지만 쉬는 날 낮에 집에 같이 있다가 외출 준비를 하면 난리가 난다. 꼬리를 흔들며 내 다리에 달라붙는다. 데리고 나가달라고 어필하는 것이다. 출근과 다른 외출이라는 것을 어떻게 아는지 신기하기 짝이 없다.

이제는 완벽할 정도로 나와 적응했다. 무엇을 잘 먹고 무엇을 원하는지 우리는 서로를 많이 이해하게 되었다. 느낌으로 안다. 나는 가끔 쭈를 무릎에 앉혀두고 내 이야기를 들려주기도 한다. 그럴 때면 눈을 게슴츠레 뜨고 알아듣는 시늉을 한다. 이렇게 되기 위해 많은 시간을 함께 보냈다. 사람이든 동물이든 서로를 위해 시간을 내어 주어야 한다. 그리고 서로를 이해하려는 마음가짐이 필요하다.

부정적 감정은 되도록 빨리 털어내야 한다

나는 이제 우리 쭈가 스트레스를 받으면 온몸을 터는 것을 안 다. 강제로 양치를 한 뒤 혹은 무언가 자기가 원하지 않는 일을 강 제로 하고 나면 온몸을 심하게 턴다. 귀가 파닥파닥 소리를 낼 정 도다. 그 모습이 스트레스를 털어버리는 행동임을 알게 된 뒤로 나 도 스트레스를 받을 때 따라 해 보았다. 부정적인 어떤 생각이 떠 오르는 순간 머리를 흔들어 보았다. 그런데 신기하게 나쁜 생각이 멈춰지는 효과가 있었다. 우리 쭈를 통해 배우고 따라 하며 동물이 든 사람이든 스트레스를 가지고 있는 것은 나쁘다는 생각을 한다. 요즘 나는 스트레스가 쌓여 풀고 싶을 때는 머리를 세차게 흔들어 털어버리곤 한다.

나쁜 생각은 꼬리에 꼬리를 물고 찾아온다. 나쁜 생각이 일어나 면 화가 나고 분노로 온몸이 흥분된다. 나쁜 영향을 받아 가슴이 뛰고 안절부절못해진다. 나쁜 에너지가 내 몸과 마음 그리고 머리 까지 휘감는 것을 느낄 수 있다. 나쁜 생각이 들 때 얼른 알아차려 보자. "그만!" 하고 큰 소리로 외쳐 보자. 그런 다음 머리를 흔들어

나쁜 생각을 털어버려 보자. 그래도 멈추지 않으면 온몸을 털어 보자. 그 과정을 통해 부정적인 상황에서 벗어나는 신기한 경험을 하게 될 것이다. 몇 번 이런 경험을 하다 보면 놀라운 일이 일어난다는 것을 스스로 깨우치게 된다.

부정적인 감정에서는 되도록 빨리 벗어나자. 어떤 단순한 행동이나 말 한마디로도 좋다. 부정적인 생각에 끌려가지 말자. 나쁜 생각에 끌려가다 보면 한도 끝도 없다. 구름이 비를 몰고 오듯 연속해서 일어난다. 이때 내가 그 구름 속을 뚫고 뛰쳐나오지 않으면 결국 퍼붓는 소나기에 홀딱 젖고 말 것이다. 그리고 심한 몸살감기까지 앓게 될 것이다. 그러니 내가 나를 끌어내야 한다. 작은 행동 하나가 나를 달라지게 한다. 그 행동으로 내가 움직이고 내 마음이 움직이고 내 인생이 움직일 것이다.

결과에 집착하지 말고 함께 걸어가라

부모가 과정에 대한 이해 없이 결과만을 가지고 아이를 평가하면 안 된다. 그러면 아이는 어떤 수단과 방법을 가리지 않고 남을 이기려고 한다. 거짓말을 하면서도 죄책감이 없어진다. 지더라도 정당하게 최선을 다했다면 후회 없이 승복하는 용기가 있어야 한다. 졌지만 자기를 격려할 줄 아는 방법을 가르쳐야 한다. 경쟁이 도를 지나쳐 바로 옆에 있는 친구가 적이 되는 경우가 많다. 그러나 친구는 적이 아니다. 세상을 헤쳐 나가는 노를 함께 저어 가야 한다. 혼자 젓는 것보다 구령을 붙이고 손발을 맞춰 저을 때 더 빠르게 목적지에 도달할 수 있다. 함께 목표를 이루었다는 기쁨도 공유할 수 있다.

세상은 혼자 살아가기에는 너무 힘들다. 혼자 해냈을 때보다 같이 기뻐하는 누군가가 있고 소속감이나 팀워크를 느끼면 성취감은 훨씬 커진다. 결과에만 집착하면 많은 것을 잃는다. 좀 더 멀리 있더라도 큰 꿈을 향해 가야 한다. 자신의 행복뿐만 아니라 타인의 행복을 추구하는 사람이 오래도록 행복하다. "빨리 가려면 혼자 가고 멀리 가려면 함께 가라."는 인디언 속담을 잊지 말자. 과정에 대한 칭찬을 아끼지 않는 부모가 되도록 하자.

공부 추진력은
엄마에게서 나온다

영예롭게 사는 가장 위대한 방법은
우리가 표방하는 모습이 되는 것이다.
- 소크라테스 -

엄마의 성격이 아이의 성격을 결정한다

첫아이를 가졌을 때 태교를 위해 가장 신경 썼던 부분이 있다. 무엇보다 인간의 도리를 알고 인내심이 많았으면 했다. 그리고 예뻤으면 했다. 침대 옆에 예쁜 외국 아기 사진을 붙여두고 눈만 뜨면 바라보았다. 태몽은 작고 아기자기한 고추밭에 예쁜 뱀 한 마리가 지나가는 꿈이었다. 내 생각에는 고추는 세상 사람들이고 그 가운데 특별하고 예쁜 뱀이 나의 딸인 것 같았다. 그러니 많은 사람들 중 특별한 사람이 될 것임에 틀림없다고 생각했다. 특별해도 엄청나게 특별할 것이라고 믿었다.

이렇게 태어난 딸을 완벽하게 키우고 싶은 마음은 가득했지만 나는 초보 엄마였다. 초보란 의욕만 잔뜩 있지, 지혜와 경험이 없다는 것을 뜻한다. 좋은 것은 다해 주고 싶은 마음에 시장에서 천을 끊어다가 손으로 일일이 시침질을 해 천기저귀를 준비했다. 동네 언니들이 알려 준 대로 푹푹 삶아 햇볕에 널어 말렸다. 빳빳하던 천이 보들보들해질 때까지 서너 번 반복했다. 이불, 베개, 배냇저고리 등도 미리 삶아 두었다. 그리고 예쁜 아기들의 사진을 보며 나도 예쁜 아기를 낳기만을 기다렸다.

그러나 형편이 넉넉지 못한 탓에 막상 아기나 나에게 필요한 것들을 사 먹지 못했다. 배 속 아기를 위해 잘 먹어야 했지만 그럴 수가 없었다. 현실은 현실이었다. 나는 직장을 그만둔 상태라 남편 혼자 벌어온 돈으로 살아야 했다. 그 와중에 저축까지 하려니 먹을 것이라곤 밥과 김치가 전부였다. 그래도 딱히 먹고 싶은 것이 없어서 다행이었다. 아마 절약해야 한다는 생각이 강해서 식욕도 생기지 않은 모양이었다.

아기가 태어난 뒤 산후 조리를 할 형편도 아니어서 출산한 지 하루 만에 퇴원하고 혼자 집에서 아기를 돌봐야 했다. 미리 임신, 출산에 대한 책도 사서 보았고 간호사이기 때문에 어느 정도 자신이 있었다. 학교 실습 때 아기 우유도 먹여 보고 목욕도 시켜 보았기 때문에 할 수 있다고 생각했다. 그러나 자연분만 후 봉합 부위가 너무 아팠다. 손발이 부어서 주먹이 잘 쥐어지지 않았다. 눈도 떠지지 않을 정도로 부어 버렸다. 그리고 아기를 낳고 나자 식욕이 전혀 생기지 않았다. 병원에서 산모를 위해 준 미역국도 먹을 수가 없었다. 몇 숟갈 먹어 보려 했지만 헛구역질이 나올 정도로 식욕이 없었다. 출산 후 먹은 것이 없으니 모유가 안 나왔다. 초유를 반드시 먹여야 한다는 생각에 혼자서 가슴 마사지도 해 보았지만 모유량이 적어 어쩔 수 없이 분유를 먹이게 되었다.

이렇게 초보 엄마 생활이 시작되었다. 엄마가 되자 하루 종일 아기만 바라보며 아기에게 매달려야 했다. 우리는 서로 그렇게 엄마와 자식으로 적응해 나갔다. 처음에는 어렵겠지만 엄마가 아기를 키우고 싶은 방식으로 키우다 보면 아기가 적응한다. 아기가 밤에 잠을 안 자서 잠을 거의 못 잔다는 엄마들을 많이 본다. 아기는 먹을 때 말고는 거의 잠을 자며 보낸다. 그런데도 엄마가 잠을 못 잔다는 것은 무엇인가 양육법이 바르지 않은 것이다. 나는 아이가 아플 때를 제외하곤 밤잠을 깨본 적이 없다. 밤에 우유를 먹이기 위해 특별히 일어나지도 않았다. 기저귀도 밤에는 갈아 주지 않았다. 밤 12시부터 아침 5시까지 숙면을 취했다. 내가 깊게 자니까 아기가 울었는지도 잘 모르겠다.

엄마가 아기의 요구에 맞추면 아기는 계속 반응한다. 아기는 울기만 하면 엄마가 맞춰 준다는 것을 알아간다. 아무 때나 먹고 싶을 때 먹고 자고 싶을 때 자게 된다. 일주일 정도 마음을 굳게 먹고 참아내면 아기가 적응할 것이다. 그런데 대부분의 엄마들은 아기가 칭얼대는 소리만 내도 벌떡 일어난다. 엄마의 반응에 아기는 원하는 것을 얻기 위해 운다. 그러면 기저귀를 갈아 주든지 우유를 물리든지 안든지 하게 된다. 아기가 엄마를 길들이게 되는 것이다. 그러면 아기도 엄마도 같이 고생한다. 100일도 안 된 신생아가 뭘 아느냐고 하는데 아기는 본능이다. 불편하면 울고, 울면 해결책이 생긴다는 것을 온몸으로 알아챈다. 출생 후 3일만 지나면 아기는 엄마를 좌지우지할 수 있다. 예민한 아이를 만드는 것은 예민한 엄마다. 까칠한 아이를 만드는 것도 까칠한 엄마다. 밤낮이 바뀐 아기를 만드는 것도 엄마다. 너무 매정하고 과하다고 생각하는 사람들이 있겠지만 일주일만 참으면 아기도 엄마도 너무 편하고 좋다. 내 아이가 순하게 잘 크길 원하면 엄마가 조금 둔해야 한다.

아이는 부모의 행동을 그대로 모방한다

자녀가 많은 엄마들의 양육 방식을 보면 답이 나온다. 아이들에게 일일이 다 반응해 줄 수 없기 때문에 엄마가 무신경해질 수밖에 없다. 요즘처럼 하나둘만 낳는 환경에서는 오히려 민감하게 반응한다. 그래서 아이가 원하는 것에 엄마가 끌려 다닌다. 가끔 식당이나 마트에서 아이들이 조르다가 안 되면 바닥에 누워 떼를 쓰는 광경을 본다. 이럴 경우 부모들은 당황하고 창피해서 평상시와는 다른 태도를 보인다. 아이를 달래거나 원하는 것을 들어주는 등 일관성 없는 태도를 보인다. 아이는 누울 자리를 보고 다리를 뻗는다. 다음부터 원하는 것이 있을 때 아이가 보일 태도는 안 봐도 뻔하다.

조부모님이 계신 집에서는 아이들 훈육이 더 어렵다. 조부모님은 자기 자식에게 엄격했더라도 손주에게는 관대하다. 여유가 생기기도 하셨고 무조건 귀엽기 때문이다. 더구나 엄마들은 어른들 앞이라 야단도 못 친다. 아이들은 이 상황을 너무도 잘 알고 이용한다. 나는 몇 번 그런 경험이 있었다. 그때는 미리 이야기를 하고 약속한다. 약속을 안 지키면 만화영화 보던 것을 줄인다든지 하는 벌칙을 정했다. 또 통제가 안 될 때는 아이를 조용히 따로 불렀다. 그리고 문을 닫고 들어가 단둘이 이야기했다. 몇 번 그런 일이 있고 난 후 우리 아이들은 식당에서 소리를 지르며 뛰어다닌다든지 하는 예의 없는 행동을 한 적이 없다.

기본적인 것은 반드시 지키도록 부모가 본을 보여야 한다. 아이를 식당 테이블에 올려두고 기저귀를 가는 부모들도 많다. 소파 위에 신발을 신고 올라가는데도 그냥 두는 부모들이 많다. 아이가 소리를 지르며 뛰어다녀도 부모는 스마트폰만 보고 있다. 이렇게 공공장소 규칙을 부모가 먼저 안 지키는 것을 많이 본다. 이런 부모 밑에서 자란 아이가 기본을 알 리 없다. 부모는 옆으로 가면서 아이에게 똑바로 가라고 하는 것과 다를 것이 없다. 아이들은 부모의 말은 절대 안 듣지만 부모를 모방하는 데는 선수라고 한다. 부모의 행동을 그대로 따라 하며 자라는 것이다.

기본이 반듯한 사람이 성공한다

어릴 때 기본을 가르치는 것은 건물의 기반을 다지는 것과 같다. 기초 공사가 튼튼해야 비바람이 몰아치고 지진이 나도 쓰러지지 않는다. 사람이 살면서 어떤 일이 생길지는 아무도 모른다. 엄청나게 성공할 수도 있지만 성공이 화를 부를 수도 있다. 엄청난 실패로 인생이 송두리째 흔들릴 수도 있다. 어떤 상황이 일어날지라도 기본이 반듯한 사람은 다르다. 흔들리기는 하겠지만 뿌리째 뽑히지 않는다. 넘어지긴 하겠지만 다시 일어난다. 어떤 나쁜 유혹의 손길이 오더라도 잠시 주춤하기는 하겠지만 반드시 원위치로 돌아온다. 어릴 때 부모가 기본을 지키는 것을 보고 자란 사람은 바탕이 다르다.

아이가 귀하디귀한 세상이긴 하다. 귀할수록 제대로 키워야 한다는 생각이 든다. 곧고 바른 품성을 가져야 크게 성공할 수 있다. 강하고 반듯한 힘은 엄마에게서 나온다. 엄마가 바닥에서 아이를 단단히 받쳐 줘야 한다. 그래야 아이가 엄마를 딛고 도움닫기를 할 수 있다. 엄마는 아무나 될 수 있다. 그러나 좋은 엄마, 아이의 기둥이 되는 참다운 부모가 된다는 것은 어려운 일이다. 늘 돌아보고 생각하고 행동을 보여야 한다. 그래서 엄마를 위대하다고 하는 것이 아닐까?

아이와 공감 대화를
자주 하라

아이에게서 경험할 기회를 빼앗지 마라

딸이 유치원에 다닐 때의 일이다. 주말에 딸이 친구와 놀다가 식사 시간이 되어 함께 와서 밥을 먹었다. 여러 가지 버섯과 채소, 고기를 넣고 덮밥을 만들어 주었다. 아이들이 한참 맛있게 먹고 있을 때 그 집 엄마가 아이를 데리러 왔다. 그 엄마는 아이가 먹고 있는 밥을 보더니 "우리 애는 버섯 안 먹는데… 어머, 이거 청경채잖아요? 얘 이거 못 먹는데…"라고 했다. 그 전까지 아이는 잘 먹고 있었다. 그런데 엄마가 그렇게 말하는 순간 숟가락을 내려놓았다.

"지윤이가 편식을 하나 봐요?"

"편식이 아니라 못 먹어요."

"그럼 지윤이 엄마는 버섯이랑 청경채 드세요?"

"아뇨. 저도 안 먹어요."

그러면 그렇지, 엄마가 안 먹는 걸 아이가 어떻게 먹겠는가? 그러면서 자기 아이는 이것도 못 먹고 저것도 못 먹는다며 한참을 이야기했다. 못 먹는 것이 아니라 안 먹는 것 아닌가? 알레르기가 심해 입에도 못 대는 것이 아니라면 먹기 싫어 시도를 안 할 뿐이다.

나중에 대학생이 된 그 아이를 다시 본 적이 있는데 예상대로 키가 작았다. 그 엄마는 키가 큰 우리 딸을 보면서 누굴 닮아 이리 컸냐고 했다. 물론 유전자도 있겠지만 일단 잘 먹고 골고루 먹어야 키가 자랄 것이 아닌가. 우리 아이들은 편식이라는 것이 무엇인지도 모를 정도로 아무거나 잘 먹는다. 한참 자라는 시기에 이것도 안 먹고 저것도 안 먹으면 키로 갈 영양분이 모자라게 된다.

우리 엄마는 음식 솜씨가 좋으셨다. 재래식 부엌에서 하루 종일 뭔가를 만드셨다. 여름에는 고소한 햇강낭콩과 막걸리를 넣은 술떡을 쪘다. 나는 강낭콩이 너무 맛있어서 그 부분만 골라 먹었다. 그런데 학교에 가서 친구들과 도시락을 먹다 보면 콩을 안 먹는 친구들이 많았다. 콩을 너무 좋아했던 나는 친구들이 가려낸 콩까지 다 먹어버리곤 했다. 엄마는 겨울이면 만두를 빚고 두부를 만들었다. 부엌에 장작불을 지펴 가마솥에 끓여댔다. 엄마가 뭔가를 만들며 내던 "쉬이~!" 하던 소리가 참 듣기 좋았다. 장작불이 내는 연기와 김이 자욱하던 부엌은 잊히지가 않는다. 엄마는 참 즐겁게 음식을 만드셨다. 가족을 잘 먹이는 것을 중요하게 생각하셨다. 그래서인지 나도 생선을 자르거나 고기를 써는 일을 징그럽다고 느낀 적이 없다. 가족들 먹일 생각으로 기쁘기만 했다.

그런데 내가 요리하는 모습을 보고 그런 것을 어떻게 하냐고 하는 사람들이 간혹 있다. 그럼 나는 집에서 생선을 먹지 않느냐고 묻는다. 그들은 손질된 생선을 사다 먹는다고 했다. 친정 엄마도 그렇게 하셨다고 했다. 가족을 위해 아무렇지도 않게 했던 내가 갑자기 이상한 사람이 되어버린 것 같았다. 처음부터 엄마였던 사람도 없고 처음부터 생선을 잘 만지게 타고 난 사람도 없다. 가족들을 먹일 생각에 엄마가 하시던 대로 했을 뿐이다. 징그럽다는 생각보다 아이들에게 먹인다는 즐거움이 컸다.

아이는 엄마가 이끄는 대로 자란다

이렇게 잘 먹고 자란 우리 딸은 176cm, 아들은 185cm로 평균보다 키가 크다. 뭘 먹어서 저렇게 컸냐고 다들 물어본다. 나는 "아무거나 잘 먹어요."라고 대답한다. 우리 아이들은 엄마가 만들어 주는 거면 무엇이든 덥석덥석 받아먹었다.

우리 아이들이 다니던 어린이집은 밥만 주는 곳이라 반찬은 싸서 보내야 했다. 혹시 맞지 않는 음식을 먹고 탈이 날까 봐서기도 했고 편식하는 아이도 많아서라고 했다. 나는 도시락 반찬도 정성

껏 만들어 보내 주었다. 아이들은 싸준 도시락을 싹싹 비우고 왔다. 어떤 때는 부지런을 떨어 선생님 반찬까지도 만들어 보냈다. 당연한 줄 알고 했다. 그런데 나중에 어린이집 선생님께 놀라운 이야기를 들었다. 직장 다니는 엄마들이 보내는 반찬 대부분이 참치 캔과 구운 김 한 봉지라는 것이다. '그렇게 편하게 사는 사람도 있구나' 느끼긴 했다. 그러나 나는 아이들이 나와 떨어져 있을 때도 엄마를 느끼게 해 주고 싶었다. 그리고 정성을 들여 싸 보내야 선생님도 내 아이가 한 숟가락이라도 더 먹도록 챙길 것 같았다.

아이들이 한참 자랄 때는 우리 집의 엥겔 지수가 최고로 높았다. 하지만 지금 아이들의 키를 보고 있자면 잘했다는 생각이 든다. 아이들은 쭉쭉 뻗은 키로 나에게 보답해 주었다. 인파가 가득한 곳에서도 쉽게 찾을 수 있다. 멀리서 보아도 흐뭇하다.

아이들은 초등학교 고학년이 되면서 1년에 10cm 이상씩 자랐다. 너무 클까 봐 걱정이 될 정도였다. 한창 자랄 때 우리 딸의 별명은 '엄마 배고파'였다. 실컷 먹고 돌아서도 "엄마, 배고파."라고 했다. 다행히 중학교에 가면서 키 성장이 늦어지더니 176cm에서 멈췄다. 그만 자라라고 머리를 누르기도 했다. 머리 위가 볼록하면 키가 계속 자랄 징조라고 했다. 아무리 만져도 볼록해서 눌러 주곤 했다. 한국 여자 치고는 너무 크긴 하다. 싱크대가 낮아 다리를 넓게 벌리고 설거지를 한다. 키가 안 맞아 허리가 아프단다. "나는 집안일에 적합한 사람이 아닌 것 같아."라고 변명 아닌 변명을 한다.

옷도 아무거나 걸쳐도 잘 어울린다. 아무거나 잘 먹은 덕을 톡톡히 보고 있다.

아들도 무엇을 입든 멋지다. 내 아들이라 더 멋있는지 모르겠지만 보고만 있어도 흐뭇하고 든든하다. 정말 내가 낳은 아이가 맞는지 믿기지 않을 정도다. 자세도 반듯해서 보기만 해도 든든하고 기분 좋다.

식탁에서 나누는 공감 대화가 아이를 성장하게 한다

나 역시 못 먹는 게 없다. 외국여행을 갈 때도 고추장이나 김치를 가져가지 않는다. 외국에 가면 그 나라에 푹 빠졌다 와야 한다는 것이 내 생각이다. 나의 이런 음식에 대한 생각은 우리 부모님께 받았다. 아버지는 북한 출신이고 엄마는 부산 사람이다. 그러나 아버지는 엄마가 만들어 주는 음식을 언제나 맛있게 드셨다. 다 드시고 나서는 "잘 먹었다."라며 고마움을 표하셨다. 엄마 또한 아버지를 위해 이북음식인 만두와 빈대떡을 뚝딱 만들어 주곤 하셨다. 녹두에 김장김치와 돼지고기 비계를 썰어 넣고 제대로 만들어 주셨다.

이렇게 자라다 보니 나는 편식이란 게 어떤 건지도 잘 모르고 자랐다. 엄마가 뚝딱 만들어 주시면 온 가족들이 후루룩 쩝쩝 맛있게 먹곤 했다. 여덟 식구가 모두 둥그런 상에 모여 앉아서 먹었다. 아버지는 생선 가운데 토막은 언제나 우리에게 양보하셨다. 그러니 식사 시간은 다 같이 즐겁게 먹고 모이는 자리였다. 좁지만 옹

기종기 한데 모여 먹는 식사 시간이 참 좋았다.

부모의 식사 습관은 아이에게도 그대로 대물림된다. 우리 아이들은 저녁에 함께 만나 식사를 하면서 하루 종일 있었던 이야기를 했다. 서로 먼저 하려고 난리였다. 엄마에게 조잘조잘 이야기하며 공감받고 싶어 했다. 어찌나 열심히 이야기하는지 꼭 제비새끼들 같았다. 나는 열심히 들어주고 또 들어주었다. 우리는 날마다 공감 대화를 나누었다.

다 커서 독립한 아이들은 요즘은 1~2주에 한 번씩 집에 와 밀린 이야기를 나눈다. 치킨을 시키고 맥주를 한잔 하며 친구들부터 학교생활까지 다 이야기한다. 그러다 보면 한두 시간이 금방 간다. 그 시간이 무척 행복하다. 일상 속에서 하는 공감은 아이를 편안하게 한다. 집이 편안해야 아이가 열심히 살아갈 힘을 얻게 된다.

기적의 21일 공부법

초판 1쇄 인쇄 2019년 6월 5일
초판 1쇄 발행 2019년 6월 12일

지 은 이 **그 래**
펴 낸 이 **권동희**
펴 낸 곳 **위닝북스**
기   획 **김도사**
책임편집 **김진주**
디 자 인 **김하늘**
교정교열 **박고운**
마 케 팅 **강동혁**

출판등록 **제312-2012-000040호**
주   소 **경기도 성남시 분당구 수내동 백현로 97 다운타운빌딩 201호**
전   화 **070-4024-7286**
이 메 일 **no1_winningbooks@naver.com**
홈페이지 **www.wbooks.co.kr**

ⓒ위닝북스(저자와 맺은 특약에 따라 검인을 생략합니다)
ISBN 979-11-6415-021-2 (03190)

이 도서의 국립중앙도서관 출판도서목록(CIP)은 서지정보유통지원시스템
홈페이지(http://seoji.nl.go.kr)와 국가자료공동목록시스템(http://www.nl.go.
kr/kolisnet)에서 이용하실 수 있습니다.(CIP제어번호: CIP2019020622)

위닝북스는 독자 여러분의 책에 관한 아이디어와 원고 투고를 설레는
마음으로 기다리고 있습니다. 책으로 엮기를 원하는 아이디어가 있으신 분은
이메일 no1_winningbooks@naver.com으로 간단한 개요와 취지, 연락
처 등을 보내주세요. 망설이지 말고 문을 두드리세요. 꿈이 이루어집니다.

※ 책값은 뒤표지에 있습니다.
※ 잘못 만들어진 책은 구입하신 서점에서 교환해 드립니다.